Gerhart Hauptmann

Bahnwärter Thiel

Texte • **Medien**

Gerhart Hauptmann

Bahnwärter Thiel

Novellistische Studie

Erarbeitet von Christel Erika Meier

Schroedel

Texte.Medien

Herausgegeben von Peter Bekes und Volker Frederking

Druck A 1 / Jahr 2007
Alle Drucke der Serie A sind im Unterricht parallel verwendbar.

Redaktion: Frank Sauer
Herstellung: Ira Petersohn, Ellerbek
Reihentypografie: Iris Farnschläder, Hamburg
Satz: UMP Utesch Media Processing GmbH, Hamburg
Druck: Clausen & Bosse, Leck
Titelbild: William Turner: Regen, Dampf und Geschwindigkeit – Die große Westeisenbahn (1844).
© Bridgeman Art Library, London. Standort: London, The National Gallery

Das Texte.Medien -Programm zu »Bahnwärter Thiel«:

978-3-507-47025-5 Textausgabe mit Materialien
978-3-507-47125-2 Arbeitsheft
978-3-507-47225-9 Informationen für Lehrerinnen und Lehrer

Informationen und Materialien im Internet
www.schroedel.de/textemedien

ISBN 978-3-507-47025-5

Inhalt

Gerhart Hauptmann

Bahnwärter Thiel — 1887

Novellistische Studie

Novellistische Studie → Seite 151

I

Allsonntäglich saß der Bahnwärter Thiel in der Kirche zu Neu-Zittau, ausgenommen die Tage, an denen er Dienst hatte oder krank war und zu Bette lag. Im Verlaufe von zehn Jahren war er zweimal krank gewesen; das eine Mal infolge eines vom Tender einer Maschine während des Vorbeifahrens herabgefallenen Stückes Kohle, welches ihn getroffen und mit zerschmettertem Bein in den Bahngraben geschleudert hatte; das andere Mal einer Weinflasche wegen, die aus dem vorüberrasenden Schnellzuge mitten auf seine Brust geflogen war. Außer diesen beiden Unglücksfällen hatte nichts vermocht, ihn, sobald er frei war, von der Kirche fernzuhalten.

Bahnwärter → Seite 151
Neu-Zittau → Seite 151
Tender → Seite 151
Maschine Dampflokomotive

Die ersten fünf Jahre hatte er den Weg von Schön-Schornstein, einer Kolonie an der Spree, herüber nach Neu-Zittau allein machen müssen. Eines schönen Tages war er dann in Begleitung eines schmächtigen und kränklich aussehenden Frauenzimmers erschienen, die, wie die Leute meinten, zu seiner herkulischen Gestalt wenig gepasst hatte. Und wiederum eines schönen Sonntagnachmittags reichte er dieser selben Person am Altare der Kirche feierlich die Hand zum Bunde fürs Leben. Zwei Jahre nun saß das junge, zarte Weib ihm zur Seite in der Kirchenbank; zwei Jahre blickte ihr hohlwangiges, feines Gesicht neben seinem vom Wetter gebräunten in

Schön-Schornstein → Seite 151
Kolonie Siedlung
Spree durch Berlin fließender Fluss
Frauenzimmer abschätziger Ausdruck für „Frau"
herkulische Gestalt → Seite 151

das uralte Gesangbuch –; und plötzlich saß der Bahnwärter wieder allein wie zuvor.

Sterbeglocke **Glocke, die bei der Beerdigung erklingt**

An einem der vorangegangenen Wochentage hatte die Sterbeglocke geläutet; das war das Ganze.

An dem Wärter hatte man, wie die Leute versicherten, kaum eine Veränderung wahrgenommen. Die Knöpfe seiner sauberen Sonntagsuniform waren so blank geputzt als je zuvor, seine roten Haare so wohl geölt und militärisch gescheitelt wie immer, nur dass er den breiten, behaarten Nacken ein wenig gesenkt trug und noch eifriger der Predigt lauschte oder sang, als er es früher getan hatte. Es war die allgemeine Ansicht, dass ihm der Tod seiner Frau nicht sehr nahegegangen sei; und diese Ansicht erhielt eine Bekräftigung, als sich Thiel nach Verlauf eines Jahres zum zweiten Male, und zwar mit einem dicken und starken Frauenzimmer, einer Kuhmagd aus Alte-Grund, verheiratete.

Auch der Pastor gestattete sich, als Thiel die Trauung anzumelden kam, einige Bedenken zu äußern:

»Ihr wollt also schon wieder heiraten?«

wirtschaften **den Haushalt führen**

»Mit der Toten kann ich nicht wirtschaften, Herr Prediger!«

»Nun ja wohl. Aber ich meine – Ihr eilt ein wenig.«

»Der Junge geht mir drauf, Herr Prediger.«

Wochenbett **sechswöchige Schonfrist für eine Frau nach der Geburt ihres Kindes**

Thiels Frau war im Wochenbett gestorben und der Junge, welchen sie zur Welt gebracht, lebte und hatte den Namen Tobias erhalten.

»Ach so, der Junge«, sagte der Geistliche und machte eine Bewegung, die deutlich zeigte, dass er sich des Kleinen erst jetzt erinnere. »Das ist etwas andres – wo habt Ihr ihn denn untergebracht, während Ihr im Dienst seid?«

Thiel erzählte nun, wie er Tobias einer alten Frau übergeben, die ihn einmal beinahe habe verbrennen lassen, während er ein anderes Mal von ihrem Schoß auf die Erde gekugelt sei, ohne glücklicherweise mehr als eine große Beule davonzutragen. Das könne nicht so weitergehen, meinte er, zudem da der Junge, schwächlich wie er sei, eine ganz besondre Pflege benötige. Deswegen und ferner, weil er der Verstorbenen in die Hand gelobt, für die Wohlfahrt des Jungen zu jeder Zeit ausgiebig Sorge zu tragen, habe er sich zu dem Schritte entschlossen.

in die Hand gelobt **geschworen**
Wohlfahrt **das Wohlergehen, Wohl**

Gegen das neue Paar, welches nun allsonntäglich zur Kirche kam, hatten die Leute äußerlich durchaus nichts einzuwenden. Die frühere Kuhmagd schien für den Wärter wie geschaffen. Sie war kaum einen halben Kopf kleiner als er und übertraf ihn an Gliederfülle. Auch war ihr Gesicht ganz so grob geschnitten wie das seine, nur dass ihm im Gegensatz zu dem des Wärters die Seele abging.

Wenn Thiel den Wunsch gehegt hatte, in seiner zweiten Frau eine unverwüstliche Arbeiterin, eine musterhafte Wirtschafterin zu haben, so war dieser Wunsch in überraschender Weise in Erfüllung gegangen. Drei Dinge jedoch hatte er, ohne es zu wissen, mit seiner Frau in Kauf genommen: eine harte, herrschsüchtige Gemütsart, Zanksucht und brutale Leidenschaftlichkeit. Nach Verlauf eines halben Jahres war es ortsbekannt, wer in dem Häuschen des Wärters das Regiment führte. Man bedauerte den Wärter.

Wirtschafterin **Hausfrau**

das Regiment führte **bestimmte, herrschte**

Es sei ein Glück für »das Mensch«, dass sie so ein gutes Schaf wie den Thiel zum Manne bekommen habe, äußerten die aufgebrachten Ehemänner; es gäbe welche, bei denen sie gräulich anlaufen würde. So ein »Tier« müsse doch kirre zu machen sein, meinten sie, und wenn es nicht anders ginge denn mit Schlägen. Durchgewalkt müsse sie werden, aber dann gleich so, dass es zöge.

das Mensch **abwertende Nebenform zu „der Mensch“, meist für Frauen gebraucht**
anlaufen **auf Widerstand stoßen**
kirre machen **gefügig machen**
durchgewalkt **verprügelt**

Sie durchzuwalken aber war Thiel trotz seiner sehnigen Arme nicht der Mann. Das, worüber sich die Leute ereiferten, schien ihm wenig Kopfzerbrechen zu machen. Die endlosen

Predigten seiner Frau ließ er gewöhnlich wortlos über sich ergehen, und wenn er einmal antwortete, so stand das schleppende Zeitmaß sowie der leise, kühle Ton seiner Rede in seltsamstem Gegensatz zu dem kreischenden Gekeif seiner Frau. Die Außenwelt schien ihm wenig anhaben zu können: Es war, als trüge er etwas in sich, wodurch er alles Böse, was sie ihm antat, reichlich mit Gutem aufgewogen erhielt.

Phlegma Schwerfälligkeit, Behäbigkeit, Gleichgültigkeit

Trotz seines unverwüstlichen Phlegmas hatte er doch Augenblicke, in denen er nicht mit sich spaßen ließ. Es war dies immer anlässlich solcher Dinge, die Tobiaschen betrafen. Sein kindgutes, nachgiebiges Wesen gewann dann einen Anstrich von Festigkeit, dem selbst ein so unzähmbares Gemüt wie das Lenens nicht entgegenzutreten wagte.

Lenens Genitiv zu Lene

Die Augenblicke indes, darin er diese Seite seines Wesens herauskehrte, wurden mit der Zeit immer seltener und verloren sich zuletzt ganz. Ein gewisser leidender Widerstand, den er der Herrschsucht Lenens während des ersten Jahres entgegengesetzt, verlor sich ebenfalls im zweiten. Er ging nicht mehr mit der früheren Gleichgültigkeit zum Dienst, nachdem er einen Auftritt mit ihr gehabt, wenn er sie nicht vorher besänftigt hatte. Er ließ sich am Ende nicht selten herab sie zu bitten doch wieder gut zu sein. – Nicht wie sonst mehr war ihm sein einsamer Posten inmitten des märkischen Kiefernforstes sein liebster Aufenthalt. Die stillen, hingebenden Gedanken an sein verstorbenes Weib wurden von denen an die Lebende durchkreuzt. Nicht widerwillig, wie die erste Zeit, trat er den Heimweg an, sondern mit leidenschaftlicher Hast, nachdem er vorher oft Stunden und Minuten bis zur Zeit der Ablösung gezählt hatte.

Auftritt hier: Streit

märkisch zur Mark Brandenburg gehörig

Er, der mit seinem ersten Weibe durch eine mehr vergeistigte Liebe verbunden gewesen war, geriet durch die Macht roher Triebe in die Gewalt seiner zweiten Frau und wurde zuletzt in allem fast unbedingt von ihr abhängig. – Zuzeiten emp-

zuzeiten bisweilen

fand er Gewissensbisse über diesen Umschwung der Dinge und er bedurfte einer Anzahl außergewöhnlicher Hilfsmittel um sich darüber hinwegzuhelfen. So erklärte er sein Wärterhäuschen und die Bahnstrecke, die er zu besorgen hatte, insgeheim gleichsam für geheiligtes Land, welches ausschließlich den Manen der Toten gewidmet sein sollte. Mit Hilfe von allerhand Vorwänden war es ihm in der Tat bisher gelungen, seine Frau davon abzuhalten, ihn dahin zu begleiten.

Er hoffte es auch fernerhin tun zu können. Sie hätte nicht gewusst, welche Richtung sie einschlagen sollte, um seine »Bude«, deren Nummer sie nicht einmal kannte, aufzufinden.

Dadurch, dass er die ihm zu Gebote stehende Zeit somit gewissenhaft zwischen die Lebende und die Tote zu teilen vermochte, beruhigte Thiel sein Gewissen in der Tat.

Oft freilich und besonders in Augenblicken einsamer Andacht, wenn er recht innig mit der Verstorbenen verbunden gewesen war, sah er seinen jetzigen Zustand im Lichte der Wahrheit und empfand davor Ekel.

Hatte er Tagdienst, so beschränkte sich sein geistiger Verkehr mit der Verstorbenen auf eine Menge lieber Erinnerungen aus der Zeit seines Zusammenlebens mit ihr. Im Dunkel jedoch, wenn der Schneesturm durch die Kiefern und über die Strecke raste, in tiefer Mitternacht beim Scheine seiner Laterne, da wurde das Wärterhäuschen zur Kapelle.

Eine verblichene Fotografie der Verstorbenen vor sich auf dem Tisch, Gesangbuch und Bibel aufgeschlagen, las und sang er abwechselnd die lange Nacht hindurch, nur von den in Zwischenräumen vorbeitobenden Bahnzügen unterbrochen, und geriet hierbei in eine Ekstase, die sich zu Gesichten steigerte, in denen er die Tote leibhaftig vor sich sah.

Der Posten, den der Wärter nun schon zehn volle Jahre ununterbrochen innehatte, war aber in seiner Abgelegenheit dazu angetan, seine mystischen Neigungen zu fördern.

besorgen
hier: Sorge tragen für, betreuen
Manen
hier: der Seele, dem Geist der Verstorbenen
→ Seite 151

Bude
Wärterhäuschen

die Strecke
hier: die Bahngleise

Ekstase
Zustand höchster Begeisterung
→ Seite 151
Gesichte
Visionen
mystisch
→ Seite 152

Barrieren Bahnschranken

Nach allen vier Windrichtungen mindestens durch einen dreiviertelstündigen Weg von jeder menschlichen Wohnung entfernt, lag die Bude inmitten des Forstes dicht neben einem Bahnübergang, dessen Barrieren der Wärter zu bedienen hatte.

periodisch sich regelmäßig wiederholend

Breslau heute: Wrocław/ Polen

Streckenrevision Überprüfung der Gleise

Fontäne Wasserstrahl bei Springbrunnen (frz. „fontaine“)

Im Sommer vergingen Tage, im Winter Wochen, ohne dass ein menschlicher Fuß, außer denen des Wärters und seines Kollegen, die Strecke passierte. Der Wärter und der Wechsel der Jahreszeiten brachten in ihrer periodischen Wiederkehr fast die einzige Abwechslung in diese Einöde. Die Ereignisse, welche im Übrigen den regelmäßigen Ablauf der Dienstzeit Thiels außer den beiden Unglücksfällen unterbrochen hatten, waren unschwer zu überblicken. Vor vier Jahren war der kaiserliche Extrazug, der den Kaiser nach Breslau gebracht hatte, vorübergejagt. In einer Winternacht hatte der Schnellzug einen Rehbock überfahren. An einem heißen Sommertage hatte Thiel bei seiner Streckenrevision eine verkorkte Weinflasche gefunden, die sich glühend heiß anfasste und deren Inhalt deshalb von ihm für sehr gut gehalten wurde, weil er nach Entfernung des Korkes einer Fontäne gleich herausquoll, also augenscheinlich gegoren war. Diese Flasche, von Thiel in den seichten Rand eines Waldsees gelegt, um abzukühlen, war von dort auf irgendwelche Weise abhandengekommen, sodass er noch nach Jahren ihren Verlust bedauern musste.

Telegrafenarbeiter → Seite 152

Einige Zerstreuung vermittelte dem Wärter ein Brunnen dicht hinter seinem Häuschen. Von Zeit zu Zeit nahmen in der Nähe beschäftigte Bahn- oder Telegrafenarbeiter einen Trunk daraus, wobei natürlich ein kurzes Gespräch mit unterlief. Auch der Förster kam zuweilen um seinen Durst zu löschen.

Tobias entwickelte sich nur langsam; erst gegen Ablauf seines zweiten Lebensjahres lernte er notdürftig sprechen und gehen. Dem Vater bewies er seine ganz besondere Zuneigung. Wie er verständiger wurde, erwachte auch die alte Liebe des Vaters wieder. In dem Maße, wie diese zunahm, verringerte sich die Liebe der Stiefmutter zu Tobias und schlug sogar in unverkennbare Abneigung um, als Lene nach Verlauf eines neuen Jahres ebenfalls einen Jungen gebar.

Von da ab begann für Tobias eine schlimme Zeit. Er wurde besonders in Abwesenheit des Vaters unaufhörlich geplagt und musste ohne die geringste Belohnung dafür seine schwachen Kräfte im Dienste des kleinen Schreihalses einsetzen, wobei er sich mehr und mehr aufrieb. Sein Kopf bekam einen ungewöhnlichen Umfang; die brandroten Haare und das kreidige Gesicht darunter machten einen unschönen und im Verein mit der übrigen kläglichen Gestalt erbarmungswürdigen Eindruck. Wenn sich der zurückgebliebene Tobias solchergestalt, das kleine, von Gesundheit strotzende Brüderchen auf dem Arme, hinunter zur Spree schleppte, so wurden hinter den Fenstern der Hütten Verwünschungen laut, die sich jedoch niemals hervorwagten. Thiel aber, welchen die Sache doch vor allem anging, schien keine Augen für sie zu haben und wollte auch die Winke nicht verstehen, welche ihm von wohlmeinenden Nachbarsleuten gegeben wurden.

aufrieb hier: schwächte

Winke Hinweise

II

An einem Junimorgen gegen sieben Uhr kam Thiel aus dem Dienst. Seine Frau hatte nicht so bald ihre Begrüßung beendet, als sie schon in gewohnter Weise zu lamentieren begann. Der Pachtacker, welcher bisher den Kartoffelbedarf der Familie gedeckt hatte, war vor Wochen gekündigt worden, ohne dass es Lenen bisher gelungen war, einen Ersatz dafür ausfindig zu machen. Wenngleich nun die Sorge um den Acker zu ihren Obliegenheiten gehörte, so musste doch Thiel ein Mal übers andere hören, dass niemand als er daran schuld sei, wenn man in diesem Jahre zehn Sack Kartoffeln für schweres

lamentieren jammern

Lenen Dativ von Lene

Obliegenheiten Pflichten

schweres Geld
viel Geld

Geld kaufen müsse. Thiel brummte nur und begab sich, Lenens Reden wenig Beachtung schenkend, sogleich an das Bett seines Ältesten, welches er in den Nächten, wo er nicht im Dienst war, mit ihm teilte. Hier ließ er sich nieder und beobachtete mit einem sorglichen Ausdruck seines guten Gesichts das schlafende Kind, welches er, nachdem er die zudringlichen Fliegen eine Weile von ihm abgehalten, schließlich weckte. In den blauen, tief liegenden Augen des Erwachenden malte sich eine rührende Freude. Er griff hastig nach der Hand des Vaters, indes sich seine Mundwinkel zu einem kläglichen Lächeln verzogen. Der Wärter half ihm sogleich beim Anziehen der wenigen Kleidungsstücke, wobei plötzlich etwas wie ein Schatten durch seine Mienen lief, als er bemerkte, dass sich auf der rechten, ein wenig angeschwollenen Backe einige Fingerspuren weiß in rot abzeichneten.

vorberegte
vorher erwähnte

Bahnmeister
vorgesetzter Beamter der Bahnwärter und Streckenarbeiter

Als Lene beim Frühstück mit vergrößertem Eifer auf vorberegte Wirtschaftsangelegenheit zurückkam, schnitt er ihr das Wort ab mit der Nachricht, dass ihm der Bahnmeister ein Stück Land längs des Bahndammes in unmittelbarer Nähe des Wärterhauses umsonst überlassen habe, angeblich weil es ihm, dem Bahnmeister, zu abgelegen sei.

Krämer
Kleinhändler

auszusprengen
zu verbreiten

Lene wollte das anfänglich nicht glauben. Nach und nach wichen jedoch ihre Zweifel und nun geriet sie in merklich gute Laune. Ihre Fragen nach Größe und Güte des Ackers sowie andre mehr verschlangen sich förmlich, und als sie erfuhr, dass bei alledem noch zwei Zwergobstbäume darauf stünden, wurde sie rein närrisch. Als nichts mehr zu erfragen übrig blieb, zudem die Türglocke des Krämers, die man, beiläufig gesagt, in jedem einzelnen Hause des Ortes vernehmen konnte, unaufhörlich anschlug, schoss sie davon um die Neuigkeit im Örtchen auszusprengen.

Während Lene in die dunkle, mit Waren überfüllte Kammer des Krämers kam, beschäftigte sich der Wärter daheim ausschließlich mit Tobias. Der Junge saß auf seinen Knien und spielte mit einigen Kiefernzapfen, die Thiel mit aus dem Walde gebracht hatte.

»Was willst du werden?«, fragte ihn der Vater, und diese Frage war stereotyp wie die Antwort des Jungen: »Ein Bahnmeister.« Es war keine Scherzfrage, denn die Träume des Wärters verstiegen sich in der Tat in solche Höhen und er hegte allen Ernstes den Wunsch und die Hoffnung, dass aus Tobias mit Gottes Hilfe etwas Außergewöhnliches werden sollte. Sobald die Antwort »Ein Bahnmeister« von den blutlosen Lippen des Kleinen kam, der natürlich nicht wusste, was sie bedeuten sollte, begann Thiels Gesicht sich aufzuhellen, bis es förmlich strahlte von innerer Glückseligkeit.

stereotyp **ständig wiederkehrend, unveränderlich festgelegt**

»Geh, Tobias, geh spielen!«, sagte er kurz darauf, indem er eine Pfeife Tabak mit einem im Herdfeuer entzündeten Span in Brand steckte, und der Kleine drückte sich alsbald in scheuer Freude zur Tür hinaus. Thiel entkleidete sich, ging zu Bett und entschlief, nachdem er geraume Zeit gedankenvoll die niedrige und rissige Stubendecke angestarrt hatte. Gegen zwölf Uhr mittags erwachte er, kleidete sich an und ging, während seine Frau in ihrer lärmenden Weise das Mittagbrot bereitete, hinaus auf die Straße, wo er Tobiaschen sogleich aufgriff, der mit den Fingern Kalk aus einem Loche in der Wand kratzte und in den Mund steckte. Der Wärter nahm ihn bei der Hand und ging mit ihm an den etwa acht Häuschen des Ortes vorüber bis hinunter zur Spree, die schwarz und glasig zwischen schwach belaubten Pappeln lag. Dicht am Rande des Wassers befand sich ein Granitblock, auf welchen Thiel sich niederließ.

entschlief **schlief ein**

Kalk **→ Seite 152**

Der ganze Ort hatte sich gewöhnt, ihn bei nur irgend erträglichem Wetter an dieser Stelle zu erblicken. Die Kinder besonders hingen an ihm, nannten ihn »Vater Thiel« und wurden von ihm in mancherlei Spielen unterrichtet, deren er sich aus seiner Jugendzeit erinnerte. Das Beste jedoch von dem Inhalt seiner Erinnerungen war für Tobias. Er schnitzelte ihm Fitschepfeile, die höher flogen als die aller anderen Jungen. Er schnitt ihm Weidenpfeifchen und ließ sich sogar herbei mit seinem verrosteten Bass das Beschwörungslied zu singen, während er mit dem Horngriff seines Taschenmessers die Rinde leise klopfte.

schnitzeln **Verniedlichungsform von „schnitzen"**
Fitschepfeile **Nebenform von „Flitzpfeile"**
Weidenpfeifchen **Pfeifchen aus Ästen von Weiden**
Läppschereien **umgangssprachlich für unbedeutende Nebensächlichkeiten**

Die Leute verübelten ihm seine Läppschereien; es war ihnen unerfindlich, wie er sich mit den Rotznasen so viel abgeben konnte. Im Grunde durften sie jedoch damit zufrieden sein, denn die Kinder waren unter seiner Obhut gut aufgehoben. Überdies nahm Thiel auch ernste Dinge mit ihnen vor, hörte den Großen ihre Schulaufgaben ab, half ihnen beim Lernen der Bibel- und Gesangbuchverse und buchstabierte mit den Kleinen a-b-ab, d-u-du, und so fort.

Nach dem Mittagessen legte sich der Wärter abermals zu kurzer Ruhe nieder. Nachdem sie beendigt, trank er den Nachmittagskaffee und begann gleich darauf sich für den Gang in den Dienst vorzubereiten. Er brauchte dazu, wie zu allen seinen Verrichtungen, viel Zeit; jeder Handgriff war seit Jahren geregelt; in stets gleicher Reihenfolge wanderten die sorgsam auf der kleinen Nussbaumkommode ausgebreiteten Gegenstände: Messer, Notizbuch, Kamm, ein Pferdezahn, die alte, eingekapselte Uhr, in die Taschen seiner Kleider. Ein kleines, in rotes Papier eingeschlagenes Büchelchen wurde mit besonderer Sorgfalt behandelt. Es lag während der Nacht unter dem Kopfkissen des Wärters und wurde am Tage von ihm stets in der Brusttasche des Dienstrockes herumgetragen. Auf der Etikette unter dem Umschlag stand in unbeholfenen, aber verschnörkelten Schriftzügen, von Thiels Hand geschrieben: »Sparkassenbuch des Tobias Thiel«.

Pferdezahn **→ Seite 152**
eingekapselte Uhr **Taschenuhr**
Etikette **Nebenform zu „das Etikett"**

Die Wanduhr mit dem langen Pendel und dem gelbsüchtigen Zifferblatt zeigte dreiviertel fünf, als Thiel fortging. Ein kleiner Kahn, sein Eigentum, brachte ihn über den Fluss. Am jenseitigen Spreeufer blieb er einige Male stehen und lauschte nach dem Ort zurück. Endlich bog er in einen breiten Waldweg und befand sich nach wenigen Minuten inmitten des tief aufrauschenden Kiefernforstes, dessen Nadelmassen einem schwarzgrünen, Wellen werfenden Meere glichen. Unhörbar wie auf Filz schritt er über die feuchte Moos- und Nadelschicht des Waldbodens. Er fand seinen Weg ohne aufzublicken, hier durch die rostbraunen Säulen des Hochwaldes, dort weiterhin durch dicht verschlungenes Jungholz, noch weiter über ausgedehnte Schonungen, die von einzelnen hohen und schlanken Kiefern überschattet wurden, welche man zum Schutze für den Nachwuchs aufbehalten hatte. Ein bläulicher, durchsichtiger, mit allerhand Düften geschwängerter Dunst stieg aus der Erde auf und ließ die Formen der Bäume verwaschen erscheinen. Ein schwerer, milchiger Himmel hing tief herab über die Baumwipfel. Krähenschwärme badeten gleichsam im Grau der Luft, unaufhörlich ihre knarrenden Rufe ausstoßend. Schwarze Wasserlachen füllten die Vertiefungen des Weges und spiegelten die trübe Natur noch trüber wider.

Nachwuchs **hier: junge Bäume**

aufbehalten **nicht gefällt**

Ein furchtbares Wetter, dachte Thiel, als er aus tiefem Nachdenken erwachte und aufschaute.

furchtbares **→ Seite 152**

Plötzlich jedoch bekamen seine Gedanken eine andere Richtung. Er fühlte dunkel, dass er etwas daheim vergessen haben müsse, und wirklich vermisste er beim Durchsuchen seiner Taschen das Butterbrot, welches er der langen Dienstzeit halber stets mitzunehmen genötigt war. Unschlüssig blieb er eine Weile stehen, wandte sich dann aber plötzlich und eilte in der Richtung des Dorfes zurück. In kurzer Zeit hatte er die Spree erreicht, setzte mit wenigen kräftigen Ruderschlägen über und stieg gleich darauf, am ganzen Körper schwitzend, die sanft ansteigende Dorfstraße hinauf. Der alte, schäbige Pudel des Krämers lag mitten auf der Straße. Auf

Kossätenhof kleiner Bauernhof → Seite 152

dem geteerten Plankenzaune eines Kossätenhofes saß eine Nebelkrähe. Sie spreizte die Federn, schüttelte sich, nickte, stieß ein ohrenzerreißendes Kra-krä aus und erhob sich mit pfeifendem Flügelschlag um sich vom Winde in der Richtung des Forstes davontreiben zu lassen.

Von den Bewohnern der kleinen Kolonie, etwa zwanzig Fischern und Waldarbeitern mit ihren Familien, war nichts zu sehen.

Der Ton einer kreischenden Stimme unterbrach die Stille so laut und schrill, dass der Wärter unwillkürlich mit Laufen innehielt. Ein Schwall heftig herausgestoßener, misstönender Laute schlug an sein Ohr, die aus dem offnen Giebelfenster eines niedrigen Häuschens zu kommen schienen, welches er nur zu wohl kannte.

Das Geräusch seiner Schritte nach Möglichkeit dämpfend, schlich er sich näher und unterschied nun ganz deutlich die Stimme seiner Frau. Nur noch wenige Bewegungen, und die meisten ihrer Worte wurden ihm verständlich.

das Wurm umgangssprachlich für „Säugling, hilfloses Kind“

Plautze ostdt. für „Lunge“ (von poln. „pluca“)

»Was, du unbarmherziger, herzloser Schuft! Soll sich das elende Wurm die Plautze ausschreien vor Hunger? – Wie? – Na, wart nur, wart, ich will dich lehren aufpassen! – Du sollst dran denken.« Einige Augenblicke blieb es still; dann hörte man ein Geräusch, wie wenn Kleidungsstücke ausgeklopft würden; unmittelbar darauf entlud sich ein neues Hagelwetter von Schimpfworten.

Grünschnabel unreifer Mensch

»Du erbärmlicher Grünschnabel«, scholl es im schnellsten Tempo herunter, »meinst du, ich sollte mein leibliches Kind wegen solch einem Jammerlappen, wie du bist, verhungern lassen?« – »Halt's Maul!«, schrie es, als ein leises Wimmern hörbar wurde, »oder du sollst eine Portion kriegen, an der du acht Tage zu fressen hast.«

Das Wimmern verstummte nicht.

Der Wärter fühlte, wie sein Herz in schweren, unregelmäßigen Schlägen ging. Er begann leise zu zittern. Seine Blicke hingen wie abwesend am Boden fest und die plumpe und harte Hand strich mehrmals ein Büschel nasser Haare zur Seite, das immer von Neuem in die sommersprossige Stirne hineinfiel.

Einen Augenblick drohte es ihn zu überwältigen. Es war ein Krampf, der die Muskeln schwellen machte und die Finger der Hand zur Faust zusammenzog. Es ließ nach, und dumpfe Mattigkeit blieb zurück.

Unsicheren Schrittes trat der Wärter in den engen, ziegelgepflasterten Hausflur. Müde und langsam erklomm er die knarrende Holzstiege.

»Pfui, pfui, pfui!«, hob es wieder an; dabei hörte man, wie jemand dreimal hintereinander mit allen Zeichen der Wut und Verachtung ausspie. »Du erbärmlicher, niederträchtiger, hinterlistiger, hämischer, feiger, gemeiner Lümmel!« Die Worte folgten einander in steigender Betonung, und die Stimme, welche sie herausstieß, schnappte zuweilen über vor Anstrengung. »Meinen Buben willst du schlagen, was? Du elende Göre unterstehst dich, das arme, hilflose Kind aufs Maul zu schlagen? – wie? – he, wie? – Ich will mich nur nicht dreckig machen an dir, sonst – …«

ausspie **ausspuckte**

Göre **berlinerisch abwertend für „Kind“**

In diesem Augenblick öffnete Thiel die Tür des Wohnzimmers, weshalb der erschrockenen Frau das Ende des begonnenen Satzes in der Kehle stecken blieb. Sie war kreidebleich vor Zorn; ihre Lippen zuckten bösartig; sie hatte die Rechte erhoben, senkte sie und griff nach dem Milchtopf, aus dem sie ein Kinderfläschchen vollzufüllen versuchte. Sie ließ jedoch diese Arbeit, da der größte Teil der Milch über den Flaschenhals auf den Tisch rann, halb verrichtet, griff vollkommen fassungslos vor Erregung bald nach diesem, bald nach jenem Gegenstand, ohne ihn länger als einige Augenblicke festhalten zu können, und ermannte sich endlich so weit ihren Mann

anzulassen zu beschimpfen, anzufahren

heftig anzulassen: Was es denn heißen solle, dass er um diese ungewöhnliche Zeit nach Hause käme, er würde sie doch nicht etwa gar belauschen wollen. »Das wäre noch das Letzte«, meinte sie, und gleich darauf: Sie habe ein reines Gewissen und brauche vor niemand die Augen niederzuschlagen.

Thiel hörte kaum, was sie sagte. Seine Blicke streiften flüchtig das heulende Tobiaschen. Einen Augenblick schien es, als müsse er gewaltsam etwas Furchtbares zurückhalten, was in ihm aufstieg; dann legte sich über die gespannten Mienen plötzlich das alte Phlegma, von einem verstohlnen begehrlichen Aufblitzen der Augen seltsam belebt. Sekundenlang spielte sein Blick über den starken Gliedmaßen des Weibes, das, mit abgewandtem Gesicht herumhantierend, noch immer nach Fassung suchte. Ihre vollen, halbnackten Brüste blähten sich vor Erregung und drohten das Mieder zu sprengen, und ihre aufgerafften Röcke ließen die breiten Hüften noch breiter erscheinen. Eine Kraft schien von dem Weibe auszugehen, unbezwingbar, unentrinnbar, der Thiel sich nicht gewachsen fühlte.

erschlaffend hier: schlaff machend

Leicht gleich einem feinen Spinngewebe und doch fest wie ein Netz von Eisen legte es sich um ihn, fesselnd, überwindend, erschlaffend. Er hätte in diesem Zustand überhaupt kein Wort an sie zu richten vermocht, am allerwenigsten ein hartes, und so musste Tobias, der in Tränen gebadet und verängstet in einer Ecke hockte, sehen, wie der Vater, ohne auch nur weiter nach ihm umzuschauen, das vergessne Brot von der Ofenbank nahm, es der Mutter als einzige Erklärung hinhielt und mit einem kurzen, zerstreuten Kopfnicken sogleich wieder verschwand.

III

Obgleich Thiel den Weg in seine Waldeinsamkeit mit möglichster Eile zurücklegte, kam er doch erst fünfzehn Minuten nach der ordnungsmäßigen Zeit an den Ort seiner Bestimmung.

Der Hilfswärter, ein infolge des bei seinem Dienst unumgänglichen schnellen Temperaturwechsels schwindsüchtig gewordener Mensch, der mit ihm im Dienste abwechselte, stand schon fertig zum Aufbruch auf der kleinen, sandigen Plattform des Häuschens, dessen große Nummer schwarz auf weiß weithin durch die Stämme leuchtete.

Hilfswärter → Seite 152
schwindsüchtig tuberkulös

Die beiden Männer reichten sich die Hände, machten sich einige kurze Mitteilungen und trennten sich. Der eine verschwand im Innern der Bude, der andre ging quer über die Strecke, die Fortsetzung jener Straße benutzend, welche Thiel gekommen war. Man hörte sein krampfhaftes Husten erst näher, dann ferner durch die Stämme und mit ihm verstummte der einzige menschliche Laut in dieser Einöde. Thiel begann wie immer so auch heute damit, das enge, viereckige Steingebauer der Wärterbude auf seine Art für die Nacht herzurichten. Er tat es mechanisch, während sein Geist mit dem Eindruck der letzten Stunden beschäftigt war. Er legte sein Abendbrot auf den schmalen, braun gestrichnen Tisch an einem der beiden schlitzartigen Seitenfenster, von denen aus man die Strecke bequem übersehen konnte. Hierauf entzündete er in dem kleinen, rostigen Öfchen ein Feuer und stellte einen Topf kalten Wassers darauf. Nachdem er schließlich noch in die Gerätschaften, Schaufel, Spaten, Schraubstock und so weiter, einige Ordnung gebracht hatte, begab er sich ans Putzen seiner Laterne, die er zugleich mit frischem Petroleum versorgte.

Steingebauer Käfig aus Stein

Schraubstock stockförmiger Schraubenschlüssel

Als dies geschehen war, meldete die Glocke mit drei schrillen Schlägen, die sich wiederholten, dass ein Zug in der Rich-

abgelassen sei hier: das Signal zur Abfahrt bekommen habe

Fahne und Patronentasche → Seite 152

tung von Breslau her aus der nächstliegenden Station abgelassen sei. Ohne die mindeste Hast zu zeigen, blieb Thiel noch eine gute Weile im Innern der Bude, trat endlich, Fahne und Patronentasche in der Hand, langsam ins Freie und bewegte sich trägen und schlürfenden Ganges über den schmalen Sandpfad, dem etwa zwanzig Schritt entfernten Bahnübergang zu. Seine Barriere schloss und öffnete Thiel vor und nach jedem Zuge gewissenhaft, obgleich der Weg nur selten von jemand passiert wurde.

Sperrstange Barriere

Er hatte seine Arbeit beendet und lehnte jetzt wartend an der schwarzweißen Sperrstange.

Die Strecke schnitt rechts und links gradlinig in den unabsehbaren grünen Forst hinein; zu ihren beiden Seiten stauten die Nadelmassen gleichsam zurück, zwischen sich eine Gasse frei lassend, die der rötlich braune, kiesbestreute Bahndamm ausfüllte. Die schwarzen, parallel laufenden Geleise darauf glichen in ihrer Gesamtheit einer ungeheuren eisernen Netzmasche, deren schmale Strähne sich im äußersten Süden und Norden in einem Punkte des Horizontes zusammenzogen.

Der Wind hatte sich erhoben und trieb leise Wellen den Waldrand hinunter und in die Ferne hinein. Aus den Telegrafenstangen, die die Strecke begleiteten, tönten summende Akkorde. Auf den Drähten, die sich wie das Gewebe einer Riesenspinne von Stange zu Stange fortrankten, klebten in dichten Reihen Scharen zwitschernder Vögel. Ein Specht flog lachend über Thiels Kopf weg, ohne dass er eines Blickes gewürdigt wurde.

Purpur rot-violette Farbe → Seite 153

Säulenarkaden Bogengang

Die Sonne, welche soeben unter dem Rande mächtiger Wolken herabhing um in das schwarzgrüne Wipfelmeer zu versinken, goss Ströme von Purpur über den Forst. Die Säulenarkaden der Kiefernstämme jenseits des Dammes entzündeten sich gleichsam von innen heraus und glühten wie Eisen.

Auch die Geleise begannen zu glühen, feurigen Schlangen gleich, aber sie erloschen zuerst; und nun stieg die Glut langsam vom Erdboden in die Höhe, erst die Schäfte der Kiefern, weiter den größten Teil ihrer Kronen in kaltem Verwesungslichte zurücklassend, zuletzt nur noch den äußersten Rand der Wipfel mit einem rötlichen Schimmer streifend. Lautlos und feierlich vollzog sich das erhabene Schauspiel. Der Wärter stand noch immer regungslos an der Barriere. Endlich trat er einen Schritt vor. Ein dunkler Punkt am Horizonte, da wo die Geleise sich trafen, vergrößerte sich. Von Sekunde zu Sekunde wachsend, schien er doch auf einer Stelle zu stehen. Plötzlich bekam er Bewegung und näherte sich. Durch die Geleise ging ein Vibrieren und Summen, ein rhythmisches Geklirr, ein dumpfes Getöse, das, lauter und lauter werdend, zuletzt den Hufschlägen eines heranbrausenden Reitergeschwaders nicht unähnlich war.

Schäfte **astlose, glatte Stämme**

Reitergeschwader **militärische Formation von Reitern**
→ Seite 153

Ein Keuchen und Brausen schwoll stoßweise fernher durch die Luft. Dann plötzlich zerriss die Stille. Ein rasendes Tosen und Toben erfüllte den Raum, die Geleise bogen sich, die Erde zitterte – ein starker Luftdruck – eine Wolke von Staub, Dampf und Qualm, und das schwarze, schnaubende Ungetüm war vorüber. So wie sie anwuchsen, starben nach und nach die Geräusche. Der Dunst verzog sich. Zum Punkte eingeschrumpft, schwand der Zug in der Ferne, und das alte heil'ge Schweigen schlug über dem Waldwinkel zusammen.

»Minna«, flüsterte der Wärter, wie aus einem Traum erwacht, und ging nach seiner Bude zurück. Nachdem er sich einen dünnen Kaffee aufgebrüht, ließ er sich nieder und starrte, von Zeit zu Zeit einen Schluck zu sich nehmend, auf ein schmutziges Stück Zeitungspapier, das er irgendwo an der Strecke aufgelesen.

Nach und nach überkam ihn eine seltsame Unruhe. Er schob es auf die Backofenglut, welche das Stübchen erfüllte, und riss Rock und Weste auf um sich zu erleichtern. Wie das nichts half, erhob er sich, nahm einen Spaten aus der Ecke und begab sich auf das geschenkte Äckerchen.

Es war ein schmaler Streifen Sandes, von Unkraut dicht überwuchert. Wie schneeweißer Schaum lag die junge Blütenpracht auf den Zweigen der beiden Zwergobstbäumchen, welche darauf standen.

Thiel wurde ruhig, und ein stilles Wohlgefallen beschlich ihn.

Nun also an die Arbeit.

Der Spaten schnitt knirschend in das Erdreich; die nassen Schollen fielen dumpf zurück und bröckelten auseinander.

Eine Zeitlang grub er ohne Unterbrechung. Dann hielt er plötzlich inne und sagte laut und vernehmlich vor sich hin, indem er dazu bedenklich den Kopf hin und her wiegte: »Nein, nein, das geht ja nicht«, und wieder: »Nein, nein, das geht ja nicht.«

Es war ihm plötzlich eingefallen, dass ja nun Lene des öftern herauskommen würde um den Acker zu bestellen, wodurch dann die hergebrachte Lebensweise in bedenkliche Schwankungen geraten musste. Und jäh verwandelte sich seine Freude über den Besitz des Ackers in Widerwillen. Hastig, wie wenn er etwas Unrechtes zu tun im Begriff gestanden hätte, riss er den Spaten aus der Erde und trug ihn nach der Bude zurück. Hier versank er abermals in dumpfe Grübelei. Er wusste kaum, warum, aber die Aussicht, Lene ganze Tage lang bei sich im Dienst zu haben, wurde ihm, sosehr er auch versuchte, sich damit zu versöhnen, immer unerträglicher. Es kam ihm vor, als habe er etwas ihm Wertes zu verteidigen, als versuchte jemand sein Heiligstes anzutasten, und unwillkürlich spannten sich seine Muskeln in gelindem Krampfe, während ein kurzes, herausforderndes Lachen seinen Lippen entfuhr. Vom Widerhall dieses Lachens erschreckt, blickte er auf und verlor dabei den Faden seiner Betrachtungen. Als er ihn wiedergefunden, wühlte er sich gleichsam in den alten Gegenstand.

Und plötzlich zerriss etwas wie ein dichter, schwarzer Vorhang in zwei Stücke, und seine umnebelten Augen gewannen einen klaren Ausblick. Es war ihm auf einmal zumute, als erwache er aus einem zweijährigen totenähnlichen Schlaf und betrachte nun mit ungläubigem Kopfschütteln all das Haarsträubende, welches er in diesem Zustand begangen haben sollte. Die Leidensgeschichte seines Ältesten, welche die Eindrücke der letzten Stunden nur noch hatten besiegeln können, trat deutlich vor seine Seele. Mitleid und Reue ergriff ihn sowie auch eine tiefe Scham darüber, dass er diese ganze Zeit in schmachvoller Duldung hingelebt hatte ohne sich des lieben, hilflosen Geschöpfes anzunehmen, ja ohne auch nur die Kraft zu finden sich einzugestehen, wie sehr dieses litt.

Über den selbstquälerischen Vorstellungen all seiner Unterlassungssünden überkam ihn eine schwere Müdigkeit und so entschlief er mit gekrümmtem Rücken, die Stirn auf die Hand, diese auf den Tisch gelegt.

Unterlassungssünden **Sünden, die durch Versäumnisse entstehen**

Eine Zeitlang hatte er so gelegen, als er mit erstickter Stimme mehrmals den Namen »Minna« rief.

Ein Brausen und Sausen füllte sein Ohr, wie von unermesslichen Wassermassen; es wurde dunkel um ihn, er riss die Augen auf und erwachte. Seine Glieder flogen, der Angstschweiß drang ihm aus allen Poren, sein Puls ging unregelmäßig, sein Gesicht war nass vor Tränen.

seine Glieder flogen **er zitterte an allen Gliedern**

Es war stockdunkel. Er wollte einen Blick nach der Tür werfen ohne zu wissen, wohin er sich wenden sollte. Taumelnd erhob er sich, noch immer währte seine Herzensangst. Der Wald draußen rauschte wie Meeresbrandung, der Wind warf Hagel und Regen gegen die Fenster des Häuschens. Thiel tastete ratlos mit den Händen umher. Einen Augenblick kam er sich vor wie ein Ertrinkender – da plötzlich flammte es bläulich blendend auf, wie wenn Tropfen überirdischen Lichtes in die dunkle Erdatmosphäre herabsänken um sogleich von ihr erstickt zu werden.

Der Augenblick genügte, um den Wärter zu sich selbst zu bringen. Er griff nach seiner Laterne, die er auch glücklich zu fassen bekam und in diesem Augenblick erwachte der Donner am fernsten Saume des märkischen Nachthimmels. Erst dumpf und verhalten grollend, wälzte er sich näher in kurzen, brandenden Erzwellen, bis er, zu Riesenstößen anwachsend, sich endlich, die ganze Atmosphäre überflutend, dröhnend, schütternd und brausend entlud.

Die Scheiben klirrten, die Erde erbebte.

Thiel hatte Licht gemacht. Sein erster Blick, nachdem er die Fassung wiedergewonnen, galt der Uhr. Es lagen kaum fünf Minuten zwischen jetzt und der Ankunft des Schnellzuges. Da er glaubte, das Signal überhört zu haben, begab er sich, so schnell als Sturm und Dunkelheit erlaubten, nach der Barriere. Als er noch damit beschäftigt war, diese zu schließen, erklang die Signalglocke. Der Wind zerriss ihre Töne und warf sie nach allen Richtungen auseinander. Die Kiefern bogen sich und rieben unheimlich knarrend und quietschend ihre Zweige aneinander. Einen Augenblick wurde der Mond sichtbar, wie er gleich einer blassgoldnen Schale zwischen den Wolken lag. In seinem Lichte sah man das Wühlen des Windes in den schwarzen Kronen der Kiefern. Die Blattgehänge der Birken am Bahndamm wehten und flatterten wie gespenstige Rossschweife. Darunter lagen die Linien der Geleise, welche, vor Nässe glänzend, das blasse Mondlicht in einzelnen Flecken aufsaugten.

Thiel riss die Mütze vom Kopfe. Der Regen tat ihm wohl und lief vermischt mit Tränen über sein Gesicht. Es gärte in seinem Hirn; unklare Erinnerungen an das, was er im Traum gesehen, verjagten einander. Es war ihm gewesen, als würde Tobias von jemand gemisshandelt, und zwar auf eine so entsetzliche Weise, dass ihm noch jetzt bei dem Gedanken daran das Herz stille stand. Einer anderen Erscheinung erinnerte er sich deutlicher. Er hatte seine verstorbene Frau gesehen. Sie war irgendwoher aus der Ferne gekommen, auf einem der Bahngeleise. Sie hatte recht kränklich ausgesehen und statt der Kleider hatte sie Lumpen getragen. Sie war an Thiels Häuschen vorübergekommen ohne sich darnach umzuschauen und schließlich – hier wurde die Erinnerung undeutlich – war sie aus irgendwelchem Grunde nur mit großer Mühe vorwärts gekommen und sogar mehrmals zusammengebrochen.

Thiel dachte weiter nach und nun wusste er, dass sie sich auf der Flucht befunden hatte. Es lag außer allem Zweifel, denn weshalb hätte sie sonst diese Blicke voll Herzensangst nach rückwärts gesandt und sich weitergeschleppt, obgleich ihr die Füße den Dienst versagten. O diese entsetzlichen Blicke!

Aber es war etwas, das sie mit sich trug, in Tücher gewickelt, etwas Schlaffes, Blutiges, Bleiches, und die Art, mit der sie darauf niederblickte, erinnerte ihn an Szenen der Vergangenheit. Er dachte an eine sterbende Frau, die ihr kaum geborenes Kind, das sie zurücklassen musste, unverwandt anblickte, mit einem Ausdruck tiefsten Schmerzes, unfassbarer Qual, jenem Ausdruck, den Thiel ebensowenig vergessen konnte, wie dass er einen Vater und eine Mutter habe.

Wo war sie hingekommen? Er wusste es nicht. Das aber trat ihm klar vor die Seele: Sie hatte sich von ihm losgesagt, ihn nicht beachtet, sie hatte sich fortgeschleppt immer weiter und weiter durch die stürmische, dunkle Nacht. Er hatte sie gerufen: »Minna, Minna«, und davon war er erwacht.

Zwei rote, runde Lichter durchdrangen wie die Glotzaugen eines riesigen Ungetüms die Dunkelheit. Ein blutiger

Blutregen vom Himmel
→ Seite 153

Schein ging vor ihnen her, der die Regentropfen in seinem Bereich in Blutstropfen verwandelte. Es war, als fiele ein Blutregen vom Himmel.

Thiel fühlte ein Grauen und, je näher der Zug kam, eine umso größere Angst; Traum und Wirklichkeit verschmolzen ihm in eins. Noch immer sah er das wandernde Weib auf den Schienen und seine Hand irrte nach der Patronentasche, als habe er die Absicht, den rasenden Zug zum Stehen zu bringen. Zum Glück war es zu spät, denn schon flirrte es vor Thiels Augen von Lichtern und der Zug raste vorüber.

Den übrigen Teil der Nacht fand Thiel wenig Ruhe mehr in seinem Dienst. Es drängte ihn, daheim zu sein. Er sehnte sich, Tobiaschen wiederzusehen. Es war ihm zumute, als sei er durch Jahre von ihm getrennt gewesen. Zuletzt war er in steigender Bekümmernis um das Befinden des Jungen mehrmals versucht den Dienst zu verlassen.

hinzubringen **herumzubringen**
revidieren **überprüfen**

Um die Zeit hinzubringen beschloss Thiel, sobald es dämmerte, seine Strecke zu revidieren. In der Linken einen Stock, in der Rechten einen langen eisernen Schraubschlüssel, schritt er denn auch alsbald auf dem Rücken einer Bahnschiene in das schmutzig graue Zwielicht hinein. Hin und wieder zog er mit dem Schraubschlüssel einen Bolzen fest oder schlug an eine der runden Eisenstangen, welche die Geleise untereinander verbanden.

Regen und Wind hatten nachgelassen und zwischen zerschlissenen Wolkenschichten wurden hie und da Stücke eines blassblauen Himmels sichtbar.

Das eintönige Klappen der Sohlen auf dem harten Metall, verbunden mit dem schläfrigen Geräusch der tropfenschüttelnden Bäume, beruhigte Thiel nach und nach.

Um sechs Uhr früh wurde er abgelöst und trat ohne Verzug den Heimweg an.

Es war ein herrlicher Sonntagmorgen.

Die Wolken hatten sich zerteilt und waren mittlerweile hinter den Umkreis des Horizontes hinabgesunken. Die Sonne goss, im Aufgehen gleich einem ungeheuren blutroten Edelstein funkelnd, wahre Lichtmassen über den Forst. In scharfen Linien schossen die Strahlenbündel durch das Gewirr der Stämme, hier eine Insel zarter Farrenkräuter, deren Wedel fein geklöppelten Spitzen glichen, mit Glut behauchend, dort die silbergrauen Flechten des Waldgrundes zu roten Korallen umwandelnd.

Farrenkräuter Farn
geklöppelten → Seite 153

Von Wipfeln, Stämmen und Gräsern floss der Feuertau. Eine Sintflut von Licht schien über die Erde ausgegossen. Es lag eine Frische in der Luft, die bis ins Herz drang, und auch hinter Thiels Stirn mussten die Bilder der Nacht allmählich verblassen.

Mit dem Augenblick jedoch, wo er in die Stube trat und Tobiaschen rotwangiger als je im sonnenbeschienenen Bette liegen sah, waren sie ganz verschwunden.

Wohl wahr! Im Verlauf des Tages glaubte Lene mehrmals etwas Befremdliches an ihm wahrzunehmen; so im Kirchstuhl, als er statt ins Buch zu schauen sie selbst von der Seite betrachtete, und dann auch um die Mittagszeit, als er ohne ein Wort zu sagen das Kleine, welches Tobias wie gewöhnlich auf die Straße tragen sollte, aus dessen Arm nahm und ihr auf den Schoß setzte. Sonst aber hatte er nicht das geringste Auffällige an sich.

Thiel, der den Tag über nicht dazu gekommen war, sich niederzulegen, kroch, da er die folgende Woche Tagdienst hatte, bereits gegen neun Uhr abends ins Bett. Gerade als er im Begriff war einzuschlafen, eröffnete ihm die Frau, dass sie am folgenden Morgen mit nach dem Walde gehen werde um das Land umzugraben und Kartoffeln zu stecken.

Thiel zuckte zusammen; er war ganz wach geworden, hielt jedoch die Augen fest geschlossen.

Talglicht Kerze aus tierischem Fett (Talg)
aufzunesteln aufzuschnüren

Es sei die höchste Zeit, meinte Lene, wenn aus den Kartoffeln noch etwas werden sollte, und fügte bei, dass sie die Kinder werde mitnehmen müssen, da vermutlich der ganze Tag draufgehen würde. Der Wärter brummte einige unverständliche Worte, die Lene weiter nicht beachtete. Sie hatte ihm den Rücken gewandt und war beim Scheine eines Talglichtes damit beschäftigt, das Mieder aufzunesteln und die Röcke herabzulassen.

Plötzlich fuhr sie herum ohne selbst zu wissen, aus welchem Grunde, und blickte in das von Leidenschaften verzerrte, erdfarbene Gesicht ihres Mannes, der sie, halb aufgerichtet, die Hände auf der Bettkante, mit brennenden Augen anstarrte.

»Thiel!« – schrie die Frau halb zornig, halb erschreckt, und wie ein Nachtwandler, den man bei Namen ruft, erwachte er aus seiner Betäubung, stotterte einige verwirrte Worte, warf sich in die Kissen zurück und zog das Deckbett über die Ohren.

Lene war die Erste, welche sich am folgenden Morgen vom Bett erhob. Ohne dabei Lärm zu machen bereitete sie alles Nötige für den Ausflug vor. Der Kleinste wurde in den Kinderwagen gelegt, darauf Tobias geweckt und angezogen. Als er erfuhr, wohin es gehen sollte, musste er lächeln. Nachdem alles bereit war und auch der Kaffee fertig auf dem Tisch stand, erwachte Thiel. Missbehagen war sein erstes Gefühl beim Anblick all der getroffenen Vorbereitungen. Er hätte wohl gern ein Wort dagegen gesagt, aber er wusste nicht, womit beginnen. Und welche für Lene stichhaltigen Gründe hätte er auch angeben sollen?

Allmählich begann dann das mehr und mehr strahlende Gesichtchen seinen Einfluss auf Thiel zu üben, sodass er schließlich schon um der Freude willen, welche dem Jungen der Ausflug bereitete, nicht daran denken konnte, Widerspruch zu erheben. Nichtsdestoweniger blieb Thiel während der Wanderung durch den Wald nicht frei von Unruhe. Er stieß das Kinderwägelchen mühsam durch den tiefen Sand und hatte allerhand Blumen drauf liegen, die Tobias gesammelt hatte.

Der Junge war ausnehmend lustig. Er hüpfte in seinem braunen Plüschmützchen zwischen den Farrenkräutern umher und suchte auf eine freilich etwas unbeholfene Art die glasflügligen Libellen zu fangen, die darüber hingaukelten. Sobald man angelangt war, nahm Lene den Acker in Augenschein. Sie warf das Säckchen mit Kartoffelstücken, welche sie zur Saat mitgebracht hatte, auf den Grasrand eines kleinen Birkengehölzes, kniete nieder und ließ den etwas dunkel gefärbten Sand durch ihre harten Finger laufen.

hingaukelten **hinflogen**

Thiel beobachtete sie gespannt: »Nun, wie ist er?«

»Reichlich so gut wie die Spree-Ecke!« Dem Wärter fiel eine Last von der Seele. Er hatte gefürchtet, sie würde unzufrieden sein, und kratzte beruhigt seine Bartstoppeln. Nachdem die Frau hastig eine dicke Brotkante verzehrt hatte, warf sie Tuch und Jacke fort und begann zu graben, mit der Geschwindigkeit und Ausdauer einer Maschine.

In bestimmten Zwischenräumen richtete sie sich auf und holte in tiefen Zügen Luft, aber es war jeweilig nur ein Augenblick, wenn nicht etwa das Kleine gestillt werden musste, was mit keuchender, schweißtropfender Brust hastig geschah.

»Ich muss die Strecke belaufen, ich werde Tobias mitnehmen«, rief der Wärter nach einer Weile von der Plattform vor der Bude aus zu ihr herüber.

belaufen **hier: abschreiten**

»Ach was – Unsinn!«, schrie sie zurück, »wer soll bei dem Kleinen bleiben? – Hierher kommst du!«, setzte sie noch lauter hinzu, während der Wärter, als ob er sie nicht hören könne, mit Tobiaschen davonging.

davon abzustehen hier: es nicht zu tun

sonore Choräle klangvolle Chorgesänge

Revier Dienstbereich

Hain lichter Wald

Wimpel Fahnen

Im ersten Augenblick erwog sie, ob sie nicht nachlaufen solle, und nur der Zeitverlust bestimmte sie, davon abzustehen. Thiel ging mit Tobias die Strecke entlang. Der Kleine war nicht wenig erregt; alles war ihm neu, fremd. Er begriff nicht, was die schmalen, schwarzen, vom Sonnenlicht erwärmten Schienen zu bedeuten hätten. Unaufhörlich tat er allerhand sonderbare Fragen. Vor allem verwunderlich war ihm das Klingen der Telegrafenstangen. Thiel kannte den Ton jeder einzelnen seines Reviers, sodass er mit geschlossenen Augen stets gewusst haben würde, in welchem Teil der Strecke er sich gerade befand.

Oft blieb er, Tobiaschen an der Hand, stehen, um den wunderbaren Lauten zu lauschen, die aus dem Holze wie sonore Choräle aus dem Innern einer Kirche hervorströmten. Die Stange am Südende des Reviers hatte einen besonders vollen und schönen Akkord. Es war ein Gewühl von Tönen in ihrem Innern, die ohne Unterbrechung gleichsam in einem Atem fortklangen, und Tobias lief rings um das verwitterte Holz, um, wie er glaubte, durch eine Öffnung die Urheber des lieblichen Getöns zu entdecken. Der Wärter wurde weihevoll gestimmt, ähnlich wie in der Kirche. Zudem unterschied er mit der Zeit eine Stimme, die ihn an seine verstorbene Frau erinnerte. Er stellte sich vor, es sei ein Chor seliger Geister, in den sie ja auch ihre Stimme mische, und diese Vorstellung erweckte in ihm eine Sehnsucht, eine Rührung bis zu Tränen.

Tobias verlangte nach den Blumen, die seitab im Birkenwäldchen standen, und Thiel, wie immer, gab ihm nach. Stücke blauen Himmels schienen auf den Boden des Haines herabgesunken, so wunderbar dicht standen kleine blaue Blüten darauf. Farbigen Wimpeln gleich flatterten und gaukelten die Schmetterlinge lautlos zwischen dem leuchtenden Weiß der Stämme, indes durch die zart grünen Blätterwolken der Birkenkronen ein sanftes Rieseln ging.

Tobias rupfte Blumen und der Vater schaute ihm sinnend zu. Zuweilen erhob sich auch der Blick des Letzteren und suchte durch die Lücken der Blätter den Himmel, der wie eine riesige, makellos blaue Kristallschale das Goldlicht der Sonne auffing.

»Vater, ist das der liebe Gott?«, fragte der Kleine plötzlich, auf ein braunes Eichhörnchen deutend, das unter kratzenden Geräuschen am Stamme einer allein stehenden Kiefer hinanhuschte.

»Närrischer Kerl«, war alles, was Thiel erwidern konnte, während losgerissene Borkenstückchen den Stamm herunter vor seine Füße fielen.

Die Mutter grub noch immer, als Thiel und Tobias zurückkamen. Die Hälfte des Ackers war bereits umgeworfen.

umgeworfen **umgegraben**

Die Bahnzüge folgten einander in kurzen Zwischenräumen und Tobias sah sie jedesmal mit offenem Munde vorübertoben. Die Mutter selbst hatte ihren Spaß an seinen drolligen Grimassen.

Das Mittagessen, bestehend aus Kartoffeln und einem Restchen kalten Schweinebraten, verzehrte man in der Bude. Lene war aufgeräumt und auch Thiel schien sich in das Unvermeidliche mit gutem Anstand fügen zu wollen. Er unterhielt seine Frau während des Essens mit allerlei Dingen, die in seinen Beruf schlugen. So fragte er sie, ob sie sich denken könne, dass in einer einzigen Bahnschiene sechsundvierzig Schrauben säßen, und anderes mehr.

aufgeräumt **gut gelaunt**

in seinen Beruf schlugen **zu seinem Beruf gehörten**

Am Vormittage war Lene mit Umgraben fertig geworden; am Nachmittage sollten die Kartoffeln gesteckt werden. Sie bestand darauf, dass Tobias jetzt das Kleine warte, und nahm ihn mit sich.

das Kleine warte **auf das Kleine aufpasse**

»Pass auf …«, rief Thiel ihr nach, von plötzlicher Besorgnis ergriffen, »pass auf, dass er den Geleisen nicht zu nahe kommt.«

Ein Achselzucken Lenens war die Antwort.

Der schlesische Schnellzug war gemeldet, und Thiel musste auf seinen Posten. Kaum stand er dienstfertig an der Barriere, so hörte er ihn auch schon heranbrausen.

Maschinenschlot **Schornstein der Lokomotive**

Der Zug wurde sichtbar – er kam näher – in unzählbaren, sich überhastenden Stößen fauchte der Dampf aus dem schwarzen Maschinenschlote. Da: ein – zwei – drei milchweiße Dampfstrahlen quollen kerzengerade empor und gleich darauf brachte die Luft den Pfiff der Maschine getragen. Dreimal hintereinander, kurz, grell, beängstigend. Sie bremsen, dachte Thiel, warum nur? Und wieder gellten die Notpfiffe schreiend, den Widerhall weckend, diesmal in langer, ununterbrochener Reihe.

Thiel trat vor um die Strecke überschauen zu können. Mechanisch zog er die rote Fahne aus dem Futteral und hielt sie gerade vor sich hin über die Geleise. Jesus Christus – war er blind gewesen? Jesus Christus – o Jesus, Jesus, Jesus Christus! Was war dort? Dort! – Dort zwischen den Schienen ... »Ha-alt!«, schrie der Wärter aus Leibeskräften. Zu spät. Eine dunkle Masse war unter den Zug geraten und wurde zwischen den Rädern wie ein Gummiball hin und her geworfen. Noch einige Augenblicke, und man hörte das Knarren und Quietschen der Bremsen. Der Zug stand.

knäulte sich **bildete ein Knäuel**

Die einsame Strecke belebte sich. Zugführer und Schaffner rannten über den Kies nach dem Ende des Zuges. Aus jedem Fenster blickten neugierige Gesichter, und jetzt – die Menge knäulte sich und kam nach vorn.

gefällter Stier **vom Schlag des Metzgers beim Schlachten getroffener Stier**

Thiel keuchte; er musste sich festhalten um nicht umzusinken wie ein gefällter Stier. Wahrhaftig, man winkt ihm – »Nein!«

Ein Aufschrei zerreißt die Luft von der Unglücksstelle her, ein Geheul folgt, wie aus der Kehle eines Tieres kommend. Wer war das?! Lene?! Es war nicht ihre Stimme, und doch ...

Ein Mann kommt in Eile die Strecke herauf.

»Wärter!«

»Was gibt's?«

»Ein Unglück!« ... Der Bote schrickt zurück, denn des Wärters Augen spielen seltsam. Die Mütze sitzt schief, die roten Haare scheinen sich aufzubäumen.

spielen bewegen sich lebhaft

»Er lebt noch, vielleicht ist noch Hilfe.«

Ein Röcheln ist die einzige Antwort.

»Kommen Sie schnell, schnell!«

Thiel reißt sich auf mit gewaltiger Anstrengung. Seine schlaffen Muskeln spannen sich; er richtet sich hoch auf, sein Gesicht ist blöd und tot.

Er rennt mit dem Boten, er sieht nicht die todbleichen, erschreckten Gesichter der Reisenden in den Zugfenstern. Eine junge Frau schaut heraus, ein Handlungsreisender im Fez, ein junges Paar, anscheinend auf der Hochzeitsreise. Was geht's ihn an? Er hat sich nie um den Inhalt dieser Polterkasten gekümmert; – sein Ohr füllt das Geheul Lenens. Vor seinen Augen schwimmt es durcheinander, gelbe Punkte, Glühwürmchen gleich, unzählig. Er schrickt zurück – er steht. Aus dem Tanze der Glühwürmchen tritt es hervor, blass, schlaff, blutrünstig. Eine Stirn, braun und blau geschlagen, blaue Lippen, über die schwarzes Blut tröpfelt. Er ist es.

Fez türkische Kopfbedeckung

blutrünstig hier: blutüberströmt

Thiel spricht nicht. Sein Gesicht nimmt eine schmutzige Blässe an. Er lächelt wie abwesend; endlich beugt er sich; er fühlt die schlaffen, toten Gliedmaßen schwer in seinen Armen; die rote Fahne wickelt sich darum.

Er geht.

Wohin?

»Zum Bahnarzt, zum Bahnarzt«, tönt es durcheinander.

»Wir nehmen ihn gleich mit«, ruft der Packmeister und macht in seinem Wagen aus Dienströcken und Büchern ein Lager zurecht. »Nun also?«

Packmeister für den Packwagen zuständiger Beamter

Thiel machte keine Anstalten, den Verunglückten loszulassen. Man drängt in ihn. Vergebens. Der Packmeister lässt eine Bahre aus dem Packwagen reichen und beordert einen Mann, dem Vater beizustehen.

Packwagen Gepäckwagen
beordert beauftragt

Die Zeit ist kostbar. Die Pfeife des Zugführers trillert. Münzen regnen aus den Fenstern.

Lene gebärdet sich wie wahnsinnig. »Das arme, arme Weib«, heißt es in den Coupés, »die arme, arme Mutter.«

Coupé Abteil

Der Zugführer trillert abermals – ein Pfiff – die Maschine stößt weiße, zischende Dämpfe aus ihren Zylindern und streckt ihre eisernen Sehnen; einige Sekunden, und der Kurierzug braust mit wehender Rauchfahne in verdoppelter Geschwindigkeit durch den Forst.

Kurierzug Schnellzug

Der Wärter, anderen Sinnes geworden, legt den halbtoten Jungen auf die Bahre. Da liegt er da in seiner verkommenen Körpergestalt, und hin und wieder hebt ein langer, rasselnder Atemzug die knöcherne Brust, welche unter dem zerfetzten Hemd sichtbar wird. Die Ärmchen und Beinchen, nicht nur in den Gelenken gebrochen, nehmen die unnatürlichsten Stellungen ein. Die Ferse des kleinen Fußes ist nach vorn gedreht. Die Arme schlottern über den Rand der Bahre.

Lene wimmert in einem fort; jede Spur ihres einstigen Trotzes ist aus ihrem Wesen gewichen. Sie wiederholt fortwährend eine Geschichte, die sie von jeder Schuld an dem Vorfall reinwaschen soll.

Thiel scheint sie nicht zu beachten; mit entsetzlich bangem Ausdruck haften seine Augen an dem Kinde.

Es ist still ringsum geworden, totenstill; schwarz und heiß ruhen die Geleise auf dem blendenden Kies. Der Mittag hat die Winde erstickt und regungslos, wie aus Stein, steht der Forst.

Die Männer beraten sich leise. Man muss, um auf dem schnellsten Wege nach Friedrichshagen zu kommen, nach der Station zurück, die nach der Richtung Breslau liegt, da der

Friedrichshagen Vorort von Berlin

nächste Zug, ein beschleunigter Personenzug, auf der Friedrichshagen näher gelegenen nicht anhält.

Thiel scheint zu überlegen, ob er mitgehen solle. Augenblicklich ist niemand da, der den Dienst versteht. Eine stumme Handbewegung bedeutet seiner Frau, die Bahre aufzunehmen; sie wagt nicht, sich zu widersetzen, obgleich sie um den zurückbleibenden Säugling besorgt ist. Sie und der fremde Mann tragen die Bahre. Thiel begleitet den Zug bis an die Grenze seines Reviers, dann bleibt er stehen und schaut ihm lange nach. Plötzlich schlägt er sich mit der flachen Hand vor die Stirn, dass es weithin schallt.

versteht hier: verrichten kann

Er meint sich zu erwecken; denn es wird ein Traum sein, wie der gestern, sagt er sich. – Vergebens. – Mehr taumelnd als laufend erreichte er sein Häuschen. Drinnen fiel er auf die Erde, das Gesicht voran. Seine Mütze rollte in die Ecke, seine peinlich gepflegte Uhr fiel aus seiner Tasche, die Kapsel sprang, das Glas zerbrach. Es war, als hielte ihn eine eiserne Faust im Nacken gepackt, so fest, dass er sich nicht bewegen konnte, sosehr er auch unter Ächzen und Stöhnen sich frei zu machen suchte. Seine Stirn war kalt, seine Augen trocken, sein Schlund brannte. Die Signalglocke weckte ihn. Unter dem Eindruck jener sich wiederholenden drei Glockenschläge ließ der Anfall nach. Thiel konnte sich erheben und seinen Dienst tun. Zwar waren seine Füße bleischwer, zwar kreiste um ihn die Strecke wie die Speiche eines ungeheuren Rades, dessen Achse sein Kopf war; aber er gewann doch wenigstens so viel Kraft, sich für einige Zeit aufrecht zu erhalten.

peinlich überaus sorgsam

Der Personenzug kam heran. Tobias musste darin sein. Je näher er rückte, um so mehr verschwammen die Bilder vor Thiels Augen. Am Ende sah er nur noch den zerschlagenen Jungen mit dem blutigen Munde. Dann wurde es Nacht.

Nach einer Weile erwachte er aus einer Ohnmacht. Er fand sich dicht an der Barriere im heißen Sande liegen. Er stand auf,

spie spuckte

schüttelte die Sandkörner aus seinen Kleidern und spie sie aus seinem Munde. Sein Kopf wurde ein wenig freier, er vermochte ruhiger zu denken.

In der Bude nahm er sogleich seine Uhr vom Boden auf und legte sie auf den Tisch. Sie war trotz des Falles nicht stehen geblieben. Er zählte während zweier Stunden die Sekunden und Minuten, indem er sich vorstellte, was indes mit Tobias geschehen mochte. Jetzt kam Lene mit ihm an; jetzt stand sie vor dem Arzte. Dieser betrachtete und betastete den Jungen und schüttelte den Kopf.

»Schlimm, sehr schlimm – aber vielleicht … wer weiß?« Er untersuchte genauer. »Nein«, sagte er dann, »nein, es ist vorbei.«

»Vorbei, vorbei«, stöhnte der Wärter, dann aber richtete er sich hoch auf und schrie, die rollenden Augen an die Decke geheftet, die erhobenen Hände unbewusst zur Faust ballend und mit einer Stimme, als müsse der enge Raum davon zerbersten: »Er muss, muss leben, ich sage dir, er muss, muss leben.« Und schon stieß er die Tür des Häuschens von Neuem auf, durch die das rote Feuer des Abends hereinbrach, und rannte mehr, als er ging, nach der Barriere zurück. Hier blieb er eine Weile wie betroffen stehen und schritt dann plötzlich, beide Arme ausbreitend, bis in die Mitte des Dammes, als wenn er etwas aufhalten wollte, das aus der Richtung des Personenzuges kam. Dabei machten seine weit offenen Augen den Eindruck der Blindheit.

Während er, rückwärts schreitend, vor etwas zu weichen schien, stieß er in einem fort halbverständliche Worte zwischen den Zähnen hervor: »Du – hörst du – bleib doch – du – hör doch – bleib – gib ihn wieder – er ist braun und blau geschlagen – ja ja – gut – ich will sie wieder braun und blau schlagen – hörst du? Bleib doch – gib ihn mir wieder.«

Es schien, als ob etwas an ihm vorüberwandle, denn er wandte sich und bewegte sich, wie um es zu verfolgen, nach der anderen Richtung.

»Du, Minna« – seine Stimme wurde weinerlich, wie die eines kleinen Kindes. »Du, Minna, hörst du? – Gib ihn wieder – ich will …« Er tastete in die Luft, wie um jemand festzuhalten.

»Weibchen – ja – und da will ich sie … und da will ich sie auch schlagen – braun und blau – auch schlagen – und da will ich mit dem Beil – siehst du? – Küchenbeil – mit dem Küchenbeil will ich sie schlagen, und da wird sie verrecken.

Und da … ja mit dem Beil – Küchenbeil, ja – schwarzes Blut!« Schaum stand vor seinem Munde, seine gläsernen Pupillen bewegten sich unaufhörlich.

Ein sanfter Abendhauch strich leis und nachhaltig über den Forst, und rosaflammiges Wolkengelock hing über dem westlichen Himmel.

Etwa hundert Schritt hatte er so das unsichtbare Etwas verfolgt, als er anscheinend mutlos stehen blieb, und mit entsetzlicher Angst in den Mienen streckte der Mann seine Arme aus, flehend, beschwörend. Er strengte seine Augen an und beschattete sie mit der Hand, wie um noch einmal in weiter Ferne das Wesenlose zu entdecken. Schließlich sank die Hand und der gespannte Ausdruck seines Gesichts verkehrte sich in stumpfe Ausdruckslosigkeit; er wandte sich und schleppte sich den Weg zurück, den er gekommen.

Die Sonne goss ihre letzte Glut über den Forst, dann erlosch sie. Die Stämme der Kiefern streckten sich wie bleiches, verwestes Gebein zwischen die Wipfel hinein, die wie grauschwarze Moderschichten auf ihnen lasteten. Das Hämmern eines Spechtes durchdrang die Stille. Durch den kalten, stahlblauen Himmelsraum ging ein einziges, verspätetes Rosengewölk. Der Windhauch wurde kellerkalt, sodass es den

Wärter fröstelte. Alles war ihm neu, alles fremd. Er wusste nicht, was das war, worauf er ging, oder das, was ihn umgab. Da huschte ein Eichhorn über die Strecke und Thiel besann sich. Er musste an den lieben Gott denken ohne zu wissen, warum. »Der liebe Gott springt über den Weg, der liebe Gott springt über den Weg.« Er wiederholte diesen Satz mehrmals, gleichsam um auf etwas zu kommen, das damit zusammenhing. Er unterbrach sich, ein Lichtschein fiel in sein Hirn: »Aber mein Gott, das ist ja Wahnsinn.« Er vergaß alles und wandte sich gegen diesen neuen Feind. Er suchte Ordnung in seine Gedanken zu bringen, vergebens! Es war ein haltloses Streifen und Schweifen. Er ertappte sich auf den unsinnigsten Vorstellungen und schauderte zusammen im Bewusstsein seiner Machtlosigkeit.

Aus dem nahen Birkenwäldchen kam Kindergeschrei. Es war das Signal zur Raserei. Fast gegen seinen Willen musste er darauf zueilen und fand das Kleine, um welches sich niemand mehr gekümmert hatte, weinend und strampelnd ohne Bettchen im Wagen liegen. Was wollte er tun? Was trieb ihn hierher? Ein wirbelnder Strom von Gefühlen und Gedanken verschlang diese Fragen.

»Der liebe Gott springt über den Weg«, jetzt wusste er, was das bedeuten wollte. »Tobias« – sie hatte ihn gemordet – Lene – ihr war er anvertraut – »Stiefmutter, Rabenmutter«, knirschte er, »und ihr Balg lebt.« Ein roter Nebel umwölkte seine Sinne, zwei Kinderaugen durchdrangen ihn; er fühlte etwas Weiches, Fleischiges zwischen seinen Fingern. Gurgelnde und pfeifende Laute, untermischt mit heiseren Ausrufen, von denen er nicht wusste, wer sie ausstieß, trafen sein Ohr.

Balg **abwertend für „Kind"**

Da fiel etwas in sein Hirn wie Tropfen heißen Siegellacks und es hob sich wie eine Starre von seinem Geist. Zum Bewusstsein kommend, hörte er den Nachhall der Meldeglocke durch die Luft zittern.

Mit eins begriff er, was er hatte tun wollen: Seine Hand löste sich von der Kehle des Kindes, welches sich unter seinem Griffe wand. – Es rang nach Luft, dann begann es zu husten und zu schreien.

»Es lebt! Gott sei Dank, es lebt!« Er ließ es liegen und eilte nach dem Übergange. Dunkler Qualm wälzte sich fernher über die Strecke und der Wind drückte ihn zu Boden. Hinter sich vernahm er das Keuchen einer Maschine, welches wie das stoßweise gequälte Atmen eines kranken Riesen klang.

Ein kaltes Zwielicht lag über der Gegend.

Nach einer Weile, als die Rauchwolken auseinandergingen, erkannte Thiel den Kieszug, der mit geleerten Loren zurückging und die Arbeiter mit sich führte, welche tagsüber auf der Strecke gearbeitet hatten.

Loren **niedrige, offene Güterwagen**

Der Zug hatte eine reich bemessene Fahrzeit und durfte überall anhalten, um die hie und da beschäftigten Arbeiter aufzunehmen, andere hingegen abzusetzen. Ein gutes Stück vor Thiels Bude begann man zu bremsen. Ein lautes Quietschen, Schnarren, Rasseln und Klirren durchdrang weithin die Abendstille, bis der Zug unter einem einzigen, schrillen, lang gedehnten Ton still stand. Etwa fünfzig Arbeiter und Arbeiterinnen waren in den Loren verteilt. Fast alle standen aufrecht, einige unter den Männern mit entblößtem Kopfe. In ihrer aller Wesen lag eine rätselhafte Feierlichkeit. Als sie des Wärters ansichtig wurden, erhob sich ein Flüstern unter ihnen. Die Alten zogen die Tabakspfeifen zwischen den gelben Zähnen hervor und hielten sie respektvoll in den Händen. Hie und da wandte sich ein Frauenzimmer um sich zu schnäuzen. Der Zugführer stieg auf die Strecke herunter und trat auf Thiel zu. Die Arbeiter sahen, wie er ihm feierlich die Hand schuttelte, worauf Thiel mit langsamem, fast militärisch steifem Schritt auf den letzten Wagen zuschritt.

Keiner der Arbeiter wagte ihn anzureden, obgleich sie ihn alle kannten.

Aus dem letzten Wagen hob man soeben das kleine Tobiaschen.

Es war tot.

Lene folgte ihm; ihr Gesicht war bläulich weiß, braune Kreise lagen um ihre Augen.

Thiel würdigte sie keines Blickes; sie aber erschrak beim Anblick ihres Mannes. Seine Wangen waren hohl, Wimpern und Barthaare verklebt, der Scheitel, so schien es ihr, ergrauter als bisher. Die Spuren vertrockneter Tränen überall auf dem Gesicht, dazu ein unstetes Licht in seinen Augen, davor sie ein Grauen ankam.

davor wovor

Auch die Tragbahre hatte man wieder mitgebracht, um die Leiche transportieren zu können.

Eine Weile herrschte unheimliche Stille. Eine tiefe, entsetzliche Versonnenheit hatte sich Thiels bemächtigt. Es wurde dunkler. Ein Rudel Rehe setzte seitab auf den Bahndamm. Der Bock blieb stehen mitten zwischen den Geleisen. Er wandte seinen gelenken Hals neugierig herum, da pfiff die Maschine und blitzartig verschwand er samt seiner Herde.

setzte auf begab sich auf

In dem Augenblick, als der Zug sich in Bewegung setzen wollte, brach Thiel zusammen.

Der Zug hielt abermals, und es entspann sich eine Beratung über das, was nun zu tun sei. Man entschied sich dafür, die Leiche des Kindes einstweilen im Wärterhaus unterzubringen und statt ihrer den durch kein Mittel wieder ins Bewusstsein zu rufenden Wärter mittelst der Bahre nach Hause zu bringen.

mittelst mittels, mit

Und so geschah es. Zwei Männer trugen die Bahre mit dem Bewusstlosen, gefolgt von Lene, die fortwährend schluchzend, mit tränenüberströmtem Gesicht den Kinderwagen mit dem Kleinsten durch den Sand stieß.

Wie eine riesige purpurglühende Kugel lag der Mond zwischen den Kiefernschäften am Waldesgrund. Je höher er rückte, um so kleiner schien er zu werden, um so mehr verblasste er. Endlich hing er, einer Ampel vergleichbar, über dem Forst, durch alle Spalten und Lücken der Kronen einen matten Lichtdunst drängend, welcher die Gesichter der Dahinschreitenden leichenhaft anmalte.

Ampel Hängelampe

Rüstig, aber vorsichtig schritt man vorwärts, jetzt durch eng gedrängtes Jungholz, dann wieder an weiten, hochwaldumstandenen Schonungen entlang, darin sich das bleiche Licht wie in großen, dunklen Becken angesammelt hatte.

Der Bewusstlose röchelte von Zeit zu Zeit oder begann zu fantasieren. Mehrmals ballte er die Fäuste und versuchte mit geschlossenen Augen sich emporzurichten.

Es kostete Mühe, ihn über die Spree zu bringen; man musste ein zweites Mal übersetzen um die Frau und das Kind nachzuholen.

Als man die kleine Anhöhe des Ortes emporstieg, begegnete man einigen Einwohnern, welche die Botschaft des geschehenen Unglücks sofort verbreiteten.

Die ganze Kolonie kam auf die Beine.

Angesichts ihrer Bekannten brach Lene in erneutes Klagen aus.

Man beförderte den Kranken mühsam die schmale Stiege hinauf in seine Wohnung und brachte ihn sofort zu Bett. Die Arbeiter kehrten sogleich um, um Tobiaschens Leiche nachzuholen. Alte, erfahrene Leute hatten kalte Umschläge angeraten, und Lene befolgte ihre Weisung mit Eifer und Umsicht. Sie legte Handtücher in eiskaltes Brunnenwasser und erneuerte sie, sobald die brennende Stirn des Bewusstlosen sie durchhitzt hatte. Ängstlich beobachtete sie die Atemzüge des Kranken, welche ihr mit jeder Minute regelmäßiger zu werden schienen.

Die Aufregungen des Tages hatten sie doch stark mitgenommen, und sie beschloss ein wenig zu schlafen, fand jedoch keine Ruhe. Gleichviel ob sie die Augen öffnete oder schloss, unaufhörlich zogen die Ereignisse der Vergangenheit daran vorüber. Das Kleine schlief. Sie hatte sich entgegen ihrer sonstigen Gewohnheit wenig darum bekümmert. Sie war überhaupt eine andre geworden. Nirgend eine Spur des früheren Trotzes. Ja, dieser kranke Mann mit dem farblosen, schweißglänzenden Gesicht regierte sie im Schlaf.

Eine Wolke verdeckte die Mondkugel, es wurde finster im Zimmer, und Lene hörte nur noch das schwere, aber gleichmäßige Atemholen ihres Mannes. Sie überlegte, ob sie Licht machen sollte. Es wurde ihr unheimlich im Dunkeln. Als sie aufstehen wollte, lag es ihr bleiern in allen Gliedern, die Lider fielen ihr zu, sie entschlief.

Nach Verlauf von einigen Stunden, als die Männer mit der Kindesleiche zurückkehrten, fanden sie die Haustüre weit offen. Verwundert über diesen Umstand, stiegen sie die Treppe hinauf, in die obere Wohnung, deren Tür ebenfalls weit geöffnet war.

Schwefelholz Streichholz

Man rief mehrmals den Namen der Frau, ohne eine Antwort zu erhalten. Endlich strich man ein Schwefelholz an der Wand, und der aufzuckende Lichtschein enthüllte eine grauenvolle Verwüstung.

»Mord, Mord!«

Lene lag in ihrem Blut, das Gesicht unkenntlich, mit zerschlagener Hirnschale.

»Er hat seine Frau ermordet, er hat seine Frau ermordet!«

Kopflos lief man umher. Die Nachbarn kamen, einer stieß an die Wiege. »Heiliger Himmel!« Und er fuhr zurück, bleich, mit entsetzensstarrem Blick. Da lag das Kind mit durchschnittenem Halse.

Der Wärter war verschwunden; die Nachforschungen,

welche man noch in derselben Nacht anstellte, blieben erfolglos. Den Morgen darauf fand ihn der diensttuende Wärter zwischen den Bahngeleisen und an der Stelle sitzend, wo Tobiaschen überfahren worden war.

Er hielt das braune Pudelmützchen im Arm und liebkoste es ununterbrochen wie etwas, das Leben hat.

Der Wärter richtete einige Fragen an ihn, bekam jedoch keine Antwort und bemerkte bald, dass er es mit einem Irrsinnigen zu tun habe.

Der Wärter am Block, davon in Kenntnis gesetzt, erbat telegrafisch Hilfe.

Nun versuchten mehrere Männer ihn durch gutes Zureden von den Geleisen fortzulocken; jedoch vergebens.

Der Schnellzug, der um diese Zeit passierte, musste anhalten und erst der Übermacht seines Personals gelang es, den Kranken, der alsbald furchtbar zu toben begann, mit Gewalt von der Strecke zu entfernen.

Man musste ihm Hände und Füße binden, und der inzwischen requirierte Gendarm überwachte seinen Transport nach dem Berliner Untersuchungsgefängnisse, von wo aus er jedoch schon am ersten Tage nach der Irrenabteilung der Charité überführt wurde. Noch bei der Einlieferung hielt er das braune Mützchen in Händen und bewachte es mit eifersüchtiger Sorgfalt und Zärtlichkeit.

Block **Blockstation** **→ Seite 153**

requirierter Gendarm **angeforderter Landpolizist**

nach dem Berliner Untersuchungsgefängnisse **ins Berliner Untersuchungsgefängnis Moabit**

Charité **berühmte Berliner Klinik**

Materialien

M Biografie

Lebenschronik

Gerhart Hauptmann

1862 Geburt Gerhart Hauptmanns (Taufname: Gerhard Robert Johann) am 15. November im Hotel »Zur Krone« in Ober-Salzbrunn/Niederschlesien (heute: Szczawno Zdrój/Polen) als viertes Kind des Gastwirts und Hoteliers Robert Hauptmann und seiner Ehefrau Marie (geb. Straehler).

Gerhart Hauptmanns Geburtshaus

1868 Beginn von Hauptmanns Schullaufbahn, in der er sich von Anfang an als »Taugenichts« erlebt (Hauptmann, »Das Abenteuer meiner Jugend«, im Folgenden AJ)

1874–1878 Besuch der Breslauer Zwinger-Realschule mit seinem älteren Bruder Carl: »Die ersten Jahre meines Breslauer Daseins kamen einer Verbannung gleich.« (AJ). Abbruch der schulischen Laufbahn auf Grund großer Schulprobleme. Erste literarische Versuche. Finanzielle Sorgen, da die Eltern das »Hotel Krone« aufgeben müssen.

1878 Landwirtschaftslehre auf dem Rittergut Lohnig, später auf Gut Lederose bei seinem Onkel Gustav Schubert. Dort Begegnung mit der Glaubensrichtung des Pietismus Herrenhutscher Prägung mit stark mystischen Tendenzen:

Pietismus → Seite 153
Herrenhut → Seite 153

M

»Heut habe ich den Eindruck, dass damals der religiöse Wahnsinn an meine Tür klopfte.« (AJ) Aufgabe der Ausbildung wegen gesundheitlicher Probleme: »Lederose war für mich eine Sackgasse.« (AJ)

Einjährigen-Examen
→ Seite 153
pangermanische »Blutsbrüderschaft«
→ Seite 153

1879 Rückkehr nach Breslau, wo er das sog. Einjährigen-Examen nicht besteht. Mitgliedschaft in einer pangermanischen »Blutsbrüderschaft«.

1880 Eintritt in die Bildhauerklasse der Königlichen Kunst- und Gewerbeschule zu Breslau, aus der er 1881 wegen »schlechte[n] Betragen[s] und unzureichenden Fleiß[es]« vorübergehend ausgeschlossen wird. (AJ)

1881 Verlobung mit der wohlhabenden Marie Thienemann, Schwester der Frauen seiner beiden älteren Brüder Georg und Carl. Dadurch finanzielle Sicherung.

Gerhart Hauptmann, 1881

1882 Abgang von der Kunst- und Gewerbeschule (Zeugnis der mittleren Reife): »Die Kunstschule empfand ich bald sowohl als physisches wie als geistiges Hindernis; ich fühlte bereits, daß hier meines Bleibens nicht lange mehr sein würde.« (AJ). Aufenthalt in Jena mit seinem Bruder Carl. Trotz der fehlenden Schulbildung Studien bei führenden Wissenschaftlern seiner Zeit, u.a. dem Biologen Ernst Haeckel, der Darwins Lehren in Deutschland verbreitet.

1883 Abgang von der Universität ohne Abschluss. Studienreise mit dem Schiff von Hamburg über Spanien nach Neapel. Scheitern als Bildhauer in Rom.

1884 Gesundheitlicher Zusammenbruch in Rom wegen Typhuserkrankung. Zeichenunterricht an der königlichen Akademie in Dresden, Schauspielunterricht in Berlin.

1885 Hochzeit mit Marie Thienemann, Wohnung in Berlin-Moabit, dann – aus Gesundheitsgründen – bis 1889 in der Villa Lassen in Erkner bei Berlin.

Marie Thienemann und Gerhart Hauptmann, 1882

M

»Durch!« → Seite 154

1886 Geburt der Söhne Ivo (1886) und Eckart (1887).

1887 Mitglied im Literaturverein »Durch!«, dem Naturalisten wie Bruno Wille, die Brüder Hart oder Wilhelm Bölsche angehören; April/Mai: Entstehung des »Bahnwärter Thiel«; Juni: Hauptmanns Vortrag über den bis dahin weitgehend unbekannten Georg Büchner im Verein »Durch!«. November: Vernehmung in der Hauptverhandlung des Breslauer »Sozialistenprozesses«.

Sozialistenprozess → Seite 154

1888 Aufenthalt in Zürich mit seinem Bruder Carl. Psychiatrische Studien bei Auguste Forel in der Psychiatrie Burghölzli. Erster schriftstellerischer Erfolg mit der Veröffentlichung von »Bahnwärter Thiel« in der Zeitschrift »Die Gesellschaft«.

Zeitschrift »Die Gesellschaft« → Seite 154

Theaterskandal → Seite 154

1889 Theaterskandal bei der Uraufführung von Hauptmanns Erfolgsdrama »Vor Sonnenaufgang«. Literarischer Durchbruch. Geburt des dritten Sohnes Klaus.

Gerhart Hauptmann mit seinen Söhnen Ivo, Eckart und Klaus auf Hiddensee, 1901

1890 Umzug nach Berlin-Charlottenburg.

1891 Umzug nach Schreiberhau (Schlesien, heute: Szklarska Poręba/Polen).

1893 Uraufführung der naturalistischen »Weber«, des neuromantischen Traumstückes »Hanneles Himmelfahrt« und der Komödie »Der Biberpelz«. Wilhelm II. kündigt 1894 aus Protest gegen die »Weber« seine Loge im Deutschen Theater/Berlin, das Stück selbst kann erst nach einem Gerichtsverfahren öffentlich aufgeführt werden. Ausbruch der zehn Jahre andauernden Ehekrise wegen Hauptmanns Liebe zu der jungen Geigerin Margarete Marschalk.

Wilhelm II.
➔ Seite 154

Margarete Marschalk

1894 Im Zug der Ehekrise 3-monatiger Aufenthalt in den USA, wohin Hauptmanns Frau Marie mit den Kindern im Zuge der Ehekrise geflohen war.

1896 Grillparzer-Preis für »Hanneles Himmelfahrt«, 1899 für »Fuhrmann Henschel« und 1905 für den »Armen Heinrich«.

1900 Unehelicher Sohn Benvenuto mit Margarete Marschalk. Uraufführung von »Michael Kramer«.

1901 Umzug auf den Wiesenstein bei Agnetendorf/Schlesien (heute: Jagniatkow/Polen).

1903 Uraufführung von »Rose Bernd«.

1904 Lange und schwere Krankheit. Scheidung von Marie, Eheschließung mit Margarete Marschalk.

1905 Gefährdung der zweiten Ehe durch die Leidenschaft für die 17-jährige Schauspielerin Ida Orloff. Ehrendoktorwürde der Universität Oxford.

1906 Lösung von Ida Orloff, Uraufführung von »Und Pippa tanzt«.

1907 Zweimonatige Griechenlandreise.

1909 Ehrendoktorwürde der Universität Leipzig. Freundschaft mit Walther Rathenau.

Walther Rathenau → Seite 154

1910 Geburt von Hauptmanns fünftem Sohn Gerhart Erasmus, der nach zwei Tagen stirbt. Erscheinen von Hauptmanns bedeutendstem Roman »Der Narr in Christo Emanuel Quint«.

1911 Uraufführung der Tragikomödie »Die Ratten«.

1912 Literatur-Nobelpreis. Erscheinen des Romans »Atlantis«, in dem er die Erlebnisse seiner Überseereise von 1894 verarbeitet.

»Festspiel«-Skandal → Seite 154

1913 »Festspiel«-Skandal: das Auftragswerk »Festspiel in deutschen Reimen« zur 100-Jahr-Feier der Befreiungskriege ist den konservativen Kreisen zu pazifistisch.

1914 Einstimmung in die allgemeine Kriegseuphorie bei Ausbruch des Ersten Weltkriegs.

1918 Bekenntnis zur Weimarer Republik (16. 11.)

1921 Spekulationen über eine mögliche Kandidatur Hauptmanns für das Amt des Reichspräsidenten.

Gerhart Hauptmann mit seiner 2. Frau beim Empfang des Reichspräsidenten mit Walther Rathenau, 1922

1922 Mehrmonatige Feierlichkeiten zu Hauptmanns 60. Geburtstag zeigen den »König der Republik« (Zitat Thomas Mann) auf dem Höhepunkt seiner Popularität.

1923 Thomas Mann karikiert Hauptmann in seiner Romanfigur Mynheer Peeperkorn im »Zauberberg«.

1924 Verleihung des Ordens »Pour le mérite«.

1928 Misserfolg des Versepos »Till Eulenspiegel«. Missverhältnis von öffentlichem Prestige und schriftstellerischem Werk während der Weimarer Republik.

1930 Erwerb des »Hauses Seedorn« in Kloster auf Hidden see (heute Hauptmann-Gedenkstätte).

Orden »Pour le mérite«
→ Seite 154 f.

Prestige
Ansehen, Anerkennung, Einfluss

M

Gerhart Hauptmann in seiner Bibliothek, 1931

1932 Zusammentreffen von Hauptmanns 70. Geburtstag und dem 100. Todestag seines großen Vorbildes Goethe. USA-Vortragsreise Hauptmanns. Uraufführung von »Vor Sonnenuntergang«.

1933 »Mit dem Brande des Reichstagsgebäudes [...] schließt das Deutschland ab, in dem ich seit 1862 gelebt habe.« (Hauptmann, Diarium 1917–1933). Das prekäre Arrangement Hauptmanns mit dem Nationalsozialismus beginnt. Bekundung der Loyalität zu den neuen Machthabern (17. 3.) und Zustimmung zu Deutschlands Austritt aus dem Völkerbund, später auch immer wieder Distanzierung zu Ideen des Nationalsozialismus.

1934 Teilnahme an den Bestattungen der jüdischen Freunde Max Pinkus und Samuel Fischer.

1937 Erscheinen der Autobiografie »Das Abenteuer meiner Jugend«.

1941–1943 Uraufführungen von Hauptmanns »Atridentetralogie«.

1944 Arbeit an dem unvollendeten Roman »Der neue Christopherus«.

1945 Augenzeuge der Zerstörung Dresdens durch Luftangriffe. Krankheit.

1945 Besetzung Agnetendorfs durch die Rote Armee.

Rote Armee
→ Seite 155

1946 Tod Gerhart Hauptmanns am 6. 6., Bestattung auf Hiddensee am 28. 7.

Gerhart Hauptmann, 1942

Arbeitsanregungen

1. Suche die Orte, an denen Hauptmann gelebt hat, auf einer Landkarte und informiere dich per Internet über die heute noch existierenden Hauptmann-Gedenkstätten.

2. Lies dir den Lebenslauf Hauptmanns bis zur Erscheinung seiner novellistischen Studie 1888 genau durch. Welche Etappen findest du am interessantesten? Gibt es wichtige Wendepunkte? Diskutiert darüber in der Klasse.

3. Sucht euch in Partnerarbeit eine Phase in Hauptmanns Leben, die euch besonders interessiert, und stellt auf der Grundlage der Fakten aus dem Lebenslauf, den Ausschnitten aus Hauptmanns Autobiografie (S. 62 f., 72, 79) und evtl. darauf aufbauender eigener Recherchen ein fiktives Interview mit dem Dichter nach. Spielt dieses Interview in der Klasse vor, um so eure Mitschülerinnen und Mitschüler zu informieren. Ihr könnt diese Gespräche auch als »Radiointerviews« aufzeichnen und gemeinsam anhören.

4. Teilt den Lebenslauf Hauptmanns in der Klasse in 4–5 bedeutende »Epochen« auf und informiert euch in Kleingruppen, was in dem gewählten Zeitabschnitt geschichtlich (wichtige Ereignisse, technische Entwicklungen, philosophische Strömungen) und künstlerisch (Malerei, Musik, Literatur) von Bedeutung war. Gestaltet in jeder Gruppe ein anschauliches Plakat und stellt es vor.

Entstehung

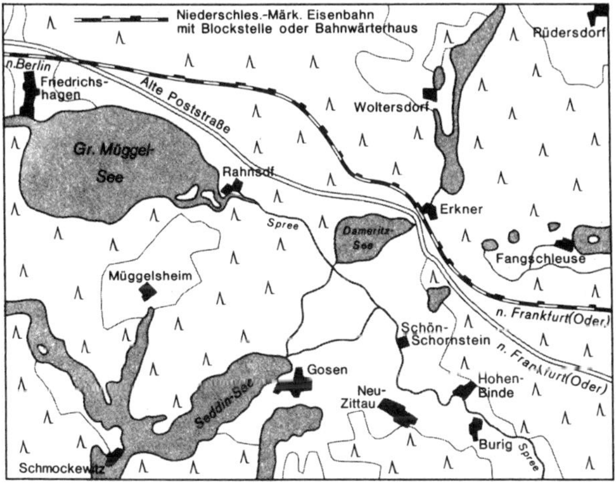
Niederschles.-Märk. Eisenbahn
mit Blockstelle oder Bahnwärterhaus
Rüdersdorf
n. Berlin
Friedrichs-
hagen
Alte Poststraße
Woltersdorf
Gr. Müggel-
See
Rahnsdf.
Erkner
Spree
Dameritz-
See
Fangschleuse
Müggelsheim
n. Frankfurt(Oder)
Schön-
Schornstein
n. Frankfurt(Oder)
Gosen
Hohen-
Binde
Seddin-See
Neu-
Zittau
Burig
Spree
Schmockewitz

M

Gerhart Hauptmann

Das Abenteuer meiner Jugend

1937

[…] Diesem Wechsel des Wohnorts verdanke ich es nicht nur, daß ich mein Wesen bis zu seinen reifen Geistesleistungen entwickeln konnte, sondern daß ich überhaupt noch am Leben bin. Nicht nur meine ersten Geisteskinder [d.h. »Bahnwärter Thiel«, »Vor Sonnenaufgang« etc.], sondern auch drei von meinen vier Söhnen sind in Erkner geboren. […]
Die märkische Erde nahm uns an, der märkische Kiefernforst nahm uns auf. Kanäle, schwarz und ohne Bewegung, laufen durch ihn hin, morastige Seen und große verlassene Tümpel unterbrechen ihn, mit Schlangenhäuten und Schlangen an ihren Ufern. […] So war ich instinktgemäß zur Natur zurückgekehrt. […]

Das Haus in Erkner

Das neue Dasein stand zu dem, das ich in Dresden, Rom und Hamburg geführt hatte, im geraden Gegensatz. Ich lebte ohne Aktivität. Der dreifache Kampf in Rom: mit dem nassen Ton, mit den Menschen und mit den Typhusbazillen, war nicht mehr. Dafür rang ich mit dem Gespenst des Bluthustens. [...]

In Erkner nahm ich mein altes Leben mit Wanderungen und Beobachtungen aller Art wieder auf. Ich machte mich mit den kleinen Leuten bekannt, Förstern, Fischern, Kätnerfamilien und Bahnwärtern, betrachtete eine Waschfrau, ein Spitalmütterchen eingehend und mit der gleichen Liebe, als wenn sie eine Trägerin von Szepter und Krone gewesen wäre. Ich unterhielt mich mit den Arbeitern einer nahen chemischen Fabrik über ihre Leiden, Freuden und Hoffnungen und fand hier, in nächster Nähe Berlins, besonders auf den einsamen Dörfern, ein Menschenwesen, das sich seit einem halben Jahrtausend und länger unverändert erhalten hatte. [...]

Kätner
→ Seite 155
Spitalmütterchen
→ Seite 155

Dazu hielt ich die Wochenschrift »Die Neue Zeit«, die den wissenschaftlichen Sozialismus vertrat. [...] Meinen Roman hatte ich liegen lassen, er verwirrte sich und mich. Ich kam nicht zu Rande damit. Dagegen machte ich mich an kleinere Arbeiten. [...]

Meinen Roman ...
→ Seite 155

Mein literarischer Ehrgeiz war nun brennend geworden. Er stachelte mich zu immer neuen Versuchen an. Ich hatte dem Deutschen Theater mein Drama »Tiberius« eingereicht und mit Dank und freundlichen Worten zurückerhalten. Das aber konnte mich nicht im geringsten entmutigen. Mein literarischer Eifer wurde nur noch heftiger angespornt. Während mein zweiter Sohn geboren wurde, schrieb ich an einer Novelle »Bahnwärter Thiel«, die ich im späteren Frühjahr beendete. Sie wurde von Michael Georg Conrad in München erworben und in seiner Zeitschrift abgedruckt. Damit war ich als Schriftsteller in die Welt getreten. [...]

M

Walter Requardt / Martin Machatzke

Gerhart Hauptmann und Erkner — 1980

[...] Das Forschen in den Kirchenbüchern und auf den Standesämtern der Umgebung nach einem Mord, wie er in der Novelle geschildert ist, war umsonst; das Herumhören in den Ortschaften Neu-Zittau und Schön-Schornstein, die in der »novellistischen Studie« genannt werden, blieb ohne positives Ergebnis. Selbst ein Besuch Requardts in Grünheide und Neu-Zittau bei alten pensionierten Bahnbeamten, die in den neunziger Jahren des vorigen Jahrhunderts noch an der Eisenbahnstrecke Erkner – Fürstenwalde, an der Thiels Bahnwärterbude lag, ihren Dienst versehen hatten, rief bei diesen Leuten nichts in der Erinnerung wach, was mit dem »Bahnwärter Thiel« hätte in Zusammenhang gebracht werden können, und auch die Eisenbahndirektion in Berlin konnte über einen Streckenwärter wie Thiel keine Auskunft geben. [...]

Welche war wohl Thiels Bahnwärterbude? Als man sie auf [einer] Forschungs-Exkursion im Wintersemester 1929/30 entdeckt zu haben glaubte, musste man, alle Illusionen begrabend, feststellen, daß sie erst 1892 erbaut worden war, also fünf Jahre nach der Niederschrift der Novelle.

In der ersten Fassung der Autobiografie ist über den »Bahnwärter Thiel« gesagt: »Es handelte sich auch hier um einen Unglücksfall – das Kind eines Bahnwärters wurde vom Zug überfahren –, der mich erschüttert und dann produktiv gemacht hatte.« Diese Selbstäußerung, die im Oktober 1930 entstand, erinnert an die Formulierung von 1887 im Themenkatalog der dreißig Studien und Skizzen: »25. Bahnwärter überfahrenes Kind.« [...]

Gerhart Hauptmann

Brief an Walter Requardt ____________ 26.02.1937

»Bahnwärter Thiel« anlangend kann ich nur sagen, dass ich viel mit einem Bahnwärter in seinem Wärterhäuschen gesprochen habe, das mitten im Walde zwischen Fangschleuse und einem anderen märkischen Dorfe lag. Ob dieser mir einiges Stoffliche übermittelt hat, kann ich heute nicht mehr sagen, ich möchte es fast glauben. Jedenfalls ist alles, was die Natur, das einsame Leben, das Erscheinen der Züge betrifft, dort konzipiert. Wir müssten einmal gemeinsam von Erkner aus wandern, ich würde natürlich das Häuschen sofort wiedererkennen.

Hans Baluschek, 1935

Arbeitsanregungen

1. Suche auf der abgedruckten Landkarte auf S. 61 Orte, die in Hauptmanns »Bahnwärter Thiel« vorkommen. Diskutiert in der Klasse, was es für ein literarisches Werk bedeutet, wenn es an realen Orten spielt.

2. In seiner Autobiografie erzählt Hauptmann, wie er in der Nähe von Erkner Gespräche mit vielen Einheimischen geführt hat (vgl. S. 63). Suche dir eine der dort genannten Personen aus und schreibe einen Dialog zwischen dem jungen Hauptmann und der von dir gewählten Person, wie er sich damals abgespielt haben könnte.

3. Die Zitate Hauptmanns, in denen er die Zeit seiner literarischen Anfänge beschreibt, stammen aus seiner 1937 erschienenen Autobiografie »Das Abenteuer meiner Jugend«. Inwiefern spielt deiner Meinung nach der zeitliche Abstand von 50 Jahren eine Rolle für die Beurteilung dieser Aussagen? Diskutiert darauf aufbauend die Problematik von Altersrückblicken in Autobiografien. Wie hätte wohl der junge Hauptmann um 1887 seine Situation geschildert?

4. Versuche in eigenen Worten das Lebensgefühl des jungen Hauptmann während der Entstehungszeit des »Bahnwärter Thiel« zu schildern.

5. Lies dir die Texte zur Entstehung des »Bahnwärter Thiel« auf S. 64–65 genau durch. Diskutiere mit deinem Nachbarn, ob es wohl ein reales Vorbild für Thiel gab oder nicht. Diskutiert, ob bzw. inwiefern es für euch eine Rolle spielt, ob solch ein reales Vorbild existierte.

Inhalt – Frauenfiguren – Topografie

Peter Sprengel

Lene und Minna: das innere Drama des Bahnwärters 1984

[…] Schafft die Arbeitswelt des Bahnwärters wesentliche Voraussetzungen und mit dem Unfall den unmittelbaren Anlass für Thiels Wahnsinn, so ist dessen Hauptursache doch anderer, ist durchaus individueller Natur. Entscheidend ist der intrapsychische Konflikt Thiels zwischen seiner seelischen Bindung an Minna und der wachsenden sexuellen Abhängigkeit von seiner als brutal und herrschsüchtig, ja als »Tier« […] bezeichneten zweiten Frau Lene, einer vormaligen Kuhmagd. Das 1. Kapitel beschreibt den Balanceakt, mit dem Thiel zwischen den beiden Polen seiner Existenz vermittelt: indem er die Zeit der Berufsarbeit ausschließlich dem Gedenken Minnas widmet, schafft er sich das notwendige Gegengewicht zur triebhaften Bindung an Lene, die die andere Hälfte des Tages ausfüllt. Die zeitliche Trennung ist zugleich eine räumliche: Thiel erklärt sein Wärterhäuschen und die Bahnstrecke »insgeheim für geheiligtes Land, welches ausschließlich den Manen der Toten gewidmet sein sollte« […]. Vom Ort seines Familienlebens ist diese Minna-Sphäre durch den Fluss und einen langen Wanderweg getrennt: Lene darf nicht einmal die Nummer seines Wärterhäuschens erfahren.

Manen der Toten **Seelen, Geist der Verstorbenen (s. o.).**

Solchermaßen Vergangenheit und Gegenwart, die geliebte und die begehrte Frau auseinanderhaltend, versucht Thiel, die moralische Würde und Identität seiner Person zu wahren. Schwer genug lastet auf ihm die Schmach sexueller Hörigkeit, erschwerend kommen die Vorwürfe hinzu, die er sich wegen der untätigen Duldung der Misshandlungen machen muss, denen sein Sohn aus erster Ehe seitens der Stiefmutter ausgesetzt ist. Ein scheinbar äußerlicher Umstand bringt das künstliche Gebäude zum Einsturz, macht das bedrohte Gleichgewicht Thiels vollends zunichte. Die Bestellung eines Kartoffelackers neben der Bahnstrecke hebt die Trennung zwischen den Räumen auf, führt Lene in die dem Andenken Minnas vorbehaltene Sphäre des Bahnwärterdienstes. Dass dieser Familienausflug – infolge der Unachtsamkeit Lenes – den Tod des kleinen Tobias nach sich zieht, erscheint fast sekundär gegenüber dem psychischen Tatbestand, den die Raumsymbolik der Erzählung indiziert: der Zerstörung der seelischen Identität durch die Macht des Sexualtriebs. […]

sekundär **zweitrangig**

indiziert **hier: anzeigen, hinweisen auf**

Katja Fullard

Mildernde Umstände für Thiel? 2000

[…] Die Frauen sind hierbei, auch darin ist sich die Forschung einig, eher als reale Charaktere »Typisierungen« oder Personifikationen widerstreitender Kräfte in Thiels Seele. […]

Dementsprechend werden die Frauen stilisiert dargestellt, der Kontrast kommt bereits in der Namensgebung zum Ausdruck: »Minna« kommt von Minne, der reinen, hohen idealisierten Liebe, wohingegen »Lene« sowohl auf die biblische Magdalena als auch auf die antike Helena hinweist, zwei Frauengestalten, die für ihre gefährliche, in Helenas Falle sogar verhängnisvolle Sinnlichkeit bekannt wurden. Folgerichtig wird Minna als zart und kränklich geschildert, mit einem

biblische Magdalena → Seite 155
antike Helena → Seite 155

»hohlwangigen feinen, Gesicht«, wobei das Attribut »fein« auf eine höhere gesellschaftliche Schicht hindeutet. Minna erinnert an einen Engel. Lene hingegen, eine ehemalige Kuhmagd, ist groß und kräftig, mit einer sinnlichen, üppig-weiblichen Figur: volle Brüste, breite Hüften. Diese Charakterisierung von Lene erfolgt nun aus Hauptmanns Bewusstein heraus, dass »das Thema in der Zeit lag«. Dieses Thema war die Rolle der Frau, als Mutter, als angehender Studentin und als erotischem Wesen, wobei die Proklamation der sexuellen Emanzipation durch die Naturalisten anscheinend zum wichtigsten Aspekt der Gleichberechtigung wurde. […]

Proklamation **Aufruf, Bekanntmachung, Erklärung**

Käthe Kollwitz, Mutter mit Junge, 1931

kollidiert **zusammenstößt**

Problematisch wird diese Sexualität jedoch dann, wenn sie sich auch in der – literarischen – Gestalt einer Ehefrau zeigt oder mit Mütterlichkeit kollidiert, wie in diesem Fall von Lene. Hier verschiebt sich die Wertung, und es kommt zum Konflikt, der letztlich dazu führt, dass Lene zum Unhold wird. [...]

Weibliche Sexualität als Gefahr für den Mann wurde als krankhaft klassifiziert und wurde so zum Gegenstand medizinischer Betrachtungen. [... In einer Abhandlung von Dr. R. v. Krafft-Ebing] heißt es über »das Weib«, wenn es »geistig normal und wohlerzogen [ist,] so ist sein sinnliches Verlangen ein geringes. Wäre dem nicht so, so müsste die ganze Welt ein Bordell und Ehe und Familie undenkbar sein«. [...]

Arbeitsanregungen

M

1. Überprüfe Peter Sprengels Interpretation am Text. Hältst du den Tod des kleinen Tobias für Thiels Zusammenbruch auch für »sekundär«? Formuliere einen fiktiven Brief an den Literaturwissenschaftler, in dem du seine Sicht kommentierst, ergänzt und gegebenenfalls Unstimmigkeiten aufzeigst.

2. Informiere dich über die »Minne« im Mittelalter. Inwiefern passt der von Katja Fullard aufgezeigte Aspekt zu Thiels Verhältnis zu Minna?

3. Nicht nur bei Lene ist mit dem Bezug zum Namen »Helena« eine Anspielung auf eine antike Gestalt gegeben, sondern auch Thiel wird im Text mit einer griechischen Sagengestalt verglichen. Suche diese Anspielung am Anfang des Textes. Diskutiere mit deinem Nachbarn, was diese Parallele über Thiel aussagt und ob sie zutreffend ist.

4. Du bist Mitglied eines Casting-Teams für die aktuelle Verfilmung des »Bahnwärter Thiel«. Ihr sucht die Idealbesetzung für Lene und Minna. Überprüft dabei kritisch, inwiefern sich das Frauenbild seit Hauptmann gewandelt hat. Bezieht diese Überlegungen in eure Auswahl mit ein und entscheidet euch für bekannte Schauspielerinnen, die ihr für diese Rollen engagieren würdet.

5. Eine Frauenrechtlerin, ein Model, ein Popstar (Typus Frauenheld) und ein Literaturkritiker diskutieren über die Frage, ob es sich bei Bahnwärter Thiel um ein sexistisches (also frauenfeindliches) Buch handelt. Stellt diese Talkshow mit einem Showmaster nach.

M

Literaturgeschichte I: Die Generation der Naturalisten

Gerhart Hauptmann

Das Abenteuer meiner Jugend ____________ 1937

[…] Jahre hindurch wusste ich nichts anderes, als dass mein vereinzeltes, absonderliches Streben mich hoffnungslos vereinsame. […] Mit einem Male aber tauchten solche Naturen an allen Ecken und Enden in Deutschland auf. Sie begrüßten einander durch Zurufe, Leuten ähnlich, die auf Verabredung einen Marsch zu einem bestimmten Treffpunkt unternommen haben und nun angekommen sind. […] Fast alle waren in meinem Alter und ihre Gemütslage der meinen nahe verwandt. Eine Anthologie »Moderne Dichtercharaktere«, herausgegeben von Wilhelm Arent, war einer unter anderen Beweisen dieses Zustandes. […]

Hier war meine wesentlich gleichaltrige geistige und dichterische Generation. […] Mit manchem der Dichtercharaktere wurde ich wieder in Erkner persönlich bekannt. So mit Heinrich und Julius Hart, Arno Holz und anderen. Sie beehrten mein Haus am Waldesrand. […]

Von Erkner aus kam ich oft nach Berlin. Und dort war ich in einen weiteren Kreis junger Literaten hineingewachsen. Er schloss sich in einen Verein zusammen. Bezeichnenderweise hieß er »Durch!« Die Harts, Karl Bleibtreu und andere gehörten ihm an. Wir lasen einander Arbeiten vor, disputierten und hielten Vorträge. Eine neue Ausgabe von Georg Büchner, besorgt durch Karl Emil Franzos, lag damals vor. Ich besprach sie in unserem Vereine. […]

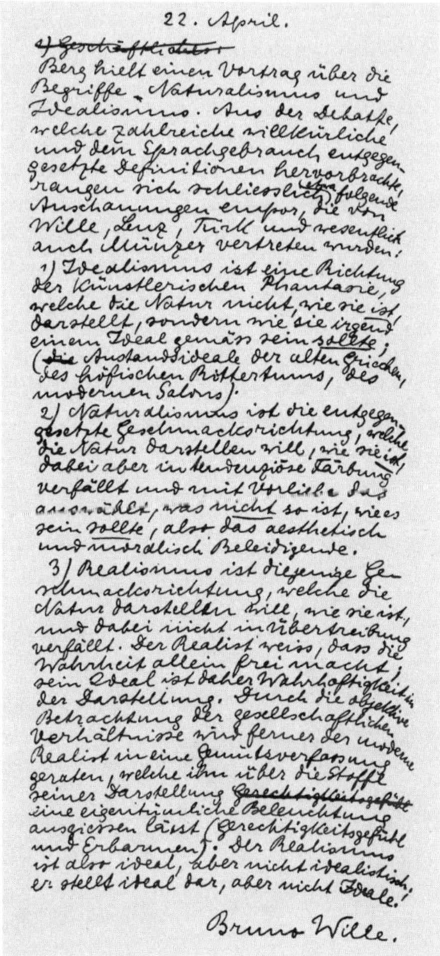

22. April.

~~1) Geschäftliches~~

Berg hielt einen Vortrag über die Begriffe „Naturalismus und Idealismus. Aus der Debatte, welche zahlreiche willkürliche und dem Sprachgebrauch entgegengesetzte Definitionen hervorbrachte, rangen sich schliesslich etwa folgende Anschauungen empor, die von Wille, Lenz, Türk und wesentlich auch Münzer vertreten wurden:

1) Idealismus ist eine Richtung der künstlerischen Phantasie, welche die Natur nicht, wie sie ist, darstellt, sondern wie sie irgend einem Ideal gemäss sein sollte; (~~die~~ Anstandsideale der alten Griechen, des höfischen Rittertums, des modernen Salons).

2) Naturalismus ist die entgegengesetzte Geschmacksrichtung, welche die Natur darstellen will, wie sie ist, dabei aber in tendenziöse Färbung verfällt und mit Vorliebe das auswählt, was nicht so ist, wie es sein sollte, also das aesthetisch und moralisch Beleidigende.

3) Realismus ist diejenige Geschmacksrichtung, welche die Natur darstellen will, wie sie ist, und dabei nicht in Übertreibung verfällt. Der Realist weiss, dass die Wahrheit allein frei macht; sein Ideal ist daher Wahrhaftigkeit in der Darstellung. Durch die objektive Betrachtung der gesellschaftlichen Verhältnisse wird ferner der moderne Realist in eine Gemütsverfassung geraten, welche ihm über die Stoffe seiner Darstellung ~~Gerechtigkeitsgefühl~~ eine eigentümliche Beleuchtung ausgiessen lässt (Gerechtigkeitsgefühl und Erbarmen). Der Realismus ist also ideal, aber nicht idealistisch: er stellt ideal dar, aber nicht Ideale!

Bruno Wille.

Abbildung eines Protokolls des Vereins »Durch!« von Bruno Wille zum Thema »Idealismus, Naturalismus, Realismus«

M

Helmut Scheuer

Naturalismus (Literaturlexikon) 2000

[...] Als literarhistor[ische] Epoche wird mit N. [Naturalismus] die europ. Literaturbewegung der 70er bis 90er Jahre des 19. Jh. erfasst, die in Frankreich ihren Ausgang nahm u. in Russland, Skandinavien u. Deutschland Zuspruch fand. Als herausragende Vertreter gelten heute Emile Zola, Edmond u. Jules de Goncourt, Henrik Ibsen, August Strindberg, Leo Tolstoj, Gerhart Hauptmann, Arno Holz u. Johannes Schlaf. Der N. stellt eine literar. Reaktion auf den rasanten Zivilisationsprozess im 19. Jh. dar. Die industrielle Revolution, die Urbanisierung u. die damit einhergehenden kulturellen, politischen, ökonomischen u. sozialen Spannungen wollten die Naturalisten in ihrer Literatur spiegeln.

Henrik Ibsen

August Strindberg

Der dt. N., dessen Hauptphase etwa das Jahrzehnt von 1885 bis 1895 umfasst, lässt sich in ein grobes Entwicklungsschema einpassen: Zunächst wurde gegen die seichte Unterhaltungsliteratur der Gründerzeitepoche nach 1871 protestiert [...]. Mit scharfen Worten geißelten die jungen Naturalisten, die sich in Berlin u. München – meist zum Studium – zusammenfanden, die ›Verlogenheit‹ dieser Literatur u. setzten sich energisch für eine neue ›Wahrheit‹ ein. 1885 eröffnete Michael Georg Conrad, der zur leitenden Figur des Münchner Kreises wurde, seine Zeitschrift »Die Gesellschaft« (1885–1902) [...].

Es ist typisch für diese Frühphase des N., dass sich die Autoren in Gruppen u. Diskussionskreisen zusammenfanden u. sich zudem um eigene Publikationsorgane bemühten. In Berlin ging der erste Impuls von den Brüdern Heinrich u. Julius Hart aus, die 1882–1884 ihre »Kritischen Waffengänge« herausgaben. Im 1886 gegründeten Verein »Durch« debattierten die Berliner Naturalisten über Kunst u. Literatur, ein ›neues Drama‹, Georg Büchner, die Bedeutung der Naturwissenschaften u. über gesellschaftspol. Themen wie Anarchismus u. Sozialismus.

Diese kritisch-destruktive Phase wurde bald durch eigene literar. Versuche ergänzt. Obwohl sich die Naturalisten bes. für Zolas sozialkrit. Romane begeisterten, traten sie zunächst mit eigener Lyrik hervor: 1885 erschien in Berlin die Lyrikanthologie *Moderne Dichter-Charaktere* (Hrsg. Wilhelm Arent), in der fast alle jungen Naturalisten vertreten waren. Die meisten Gedichte demonstrierten noch eine starke Traditionsbindung, allenfalls in den neuen sozialkrit. u. polit. Tönen war das »Moderne« zu fassen. [...] Da sich die Lyrik für eine engagierte Sozialkritik als schwierige Gattung erwies u. zudem keinen starken öffentl. Widerhall fand, erprobten die meisten Naturalisten bald eine an Zola ausgerichtete Prosa.

M

[...]

Für die Entwicklung des dt. N. sind [...] Hauptmanns »novellistische Studie« *Bahnwärter Thiel* (in: Die Gesellschaft 1888) u. vor allem die Prosaskizzen *Papa Hamlet* (Lpz. 1889) von Arno Holz u. Johannes Schlaf wichtig. Mit dieser Prosa errang der dt. N. eigenes Profil. Blieb Hauptmanns psychologische Studie noch in vielem der realistischen Novellentechnik verhaftet, so wiesen Holz' u. Schlafs Milieustudien aus dem Kleinbürgertum den Weg zum »konsequenten Naturalismus«. In dieser Prosa wurde erstmals in Deutschland jener nüchtern-objektive Darstellungsgestus erprobt, den Zola im *Roman expérimental* (1880) gefordert hatte. Der Dichter sollte als »Arzt-Experimentator« die »menschliche Maschine« auseinandernehmen u. wieder zusammensetzen, um im aufgezeigten Verhalten der Menschen die das Leben bestimmenden Gesetzmäßigkeiten erkennen zu lassen. Für Holz u. Schlaf führte diese Maxime zu einer Darstellungstechnik, die einfachsten Gegenständen u. scheinbar unwichtigen Handlungen intensive Aufmerksamkeit widmete. Mit Recht ist von Hanstein dafür der Begriff »Sekundenstil« geprägt worden. Vor allem aber in der Sprache u. der Sprechweise, der Berücksichtigung von Gestik u. Mimik, der Nachzeichnung kleiner verräterischer Eigenheiten sollte das jeweils Individuelle fassbar werden. Der Vorwurf, hier würden Fonografie u. Fotografie zum leitenden Prinzip der Literatur, ist nur z. T. berechtigt, denn dem N. ging es zwar um eine quasi distanzierte wissenschaftl. Darstellungsweise, aber damit sollte zgl. das ›Seelische‹, der Charakter der Personen, sichtbar gemacht werden. Verständlich wird diese neue literarische Technik nur, wenn man sich vor Augen hält, wie sehr die dt. Naturalisten ihre literarische Tätigkeit – ähnlich wie Zola – wissenschaftlich legitimierten. Bevor der Übergang zum Drama um 1889 [...] vollzogen wurde, gab es eine kurze intensive

Theoriediskussion, die für die Entwicklung des dt. N. sehr wichtig war. […]

Selbst für die Kunst glaubte Holz ein »Kunstgesetzt« formulieren zu können: »Kunst = Natur – x«. Auch wenn es Holz nicht um eine platte Widerspiegelungsästhetik ging, so schwingt in solchen Aussagen doch ein zeittypischer Optimismus mit, für alle Vorgänge in der Welt Erklärungen zu finden. So glaubten die Naturalisten in Anlehnung an die von Taine angebotenen drei ›Hauptkräfte‹ ›race‹ (Abstammung), ›moment‹ (historische Situation) u. ›milieu‹ (soziale Umstände) die Antriebe der »menschlichen Maschine« (Zola) gefunden zu haben.

Den Naturalisten ging es im Drama v. a. um Milieustudien aus der sozialen Unterschicht, wobei sie weniger das Proletariat als das Kleinbürgertum beschäftigte. Dieses ›soziale Drama‹ – wie z. B. Hauptmanns *Vor Sonnenaufgang* (Bln. 1889) – ist vorrangig Familiendrama. […] Nicht nur die Stoffe schockierten, sondern auch eine neue Dramaturgie u. eine naturalistische Sprache, die sich als »Sprache des Lebens« (Holz) ausweisen wollte. […]

Wenn der N. heute als eine relativ einheitliche Epoche erscheint, so darf nicht übersehen werden, dass er in eine Umbruchssituation eingebettet war, in der z. B. noch die Werke der großen Realisten erschienen u. sich schon ›gegennaturalistische‹ Strömungen wie Jugendstil, Neuromantik u. Symbolismus zu Wort meldeten. Auch der N. selbst war keine homogene Literaturformation, sondern hatte mehr Anteil an dem Stilpluralismus dieser Zeit, als es auf den ersten Blick erscheint (das gilt bes. für die Werke von Hauptmann u. Holz). Alle literarischen Bewegungen dieser Epoche verband zudem die Oppositionshaltung gegen die wilhelminische Gesellschaft u. deren Kulturverständnis […].

M

Arbeitsanregungen

1. Gerhart Hauptmann betont in seiner Autobiografie »Das Abenteuer meiner Jugend« (S. 72) an der Strömung des Naturalismus besonders, dass es sich um eine »Generation« gehandelt habe.
a) Überprüfe diese These, indem du wichtige, bei Hauptmann und in dem Auszug aus dem Literaturlexikon (S. 74 ff.) genannte deutsche Vertreter in Lexika oder im Internet nachschlägst.
b) Gestaltet Plakate, die verschiedenen bedeutenden Mitgliedern der »Generation« der Naturalisten gewidmet sind. Wo liegen die Unterschiede zwischen den Vertretern dieser Epoche? Was hält sie als Strömung zusammen? Gruppiert die Plakate so an der Wand, dass die Beziehungen der Mitglieder zueinander deutlich werden.

2. Aus dem Original eines Protokolls des Vereins »Durch!« auf S. 73 kannst du Definitionen von Idealismus, Naturalismus und Realismus erschließen, wie sie 1887 verbreitet waren. Arbeite die wesentlichen Charakteristika dieser drei Stilrichtungen in Form einer Tabelle heraus und vergleiche die Definitionen mit Einträgen aus aktuellen Nachschlagewerken.

3. Lies den Lexikonartikel zum Naturalismus (S. 74–77) aufmerksam durch und arbeite die Abfolge der von den Naturalisten in verschiedenen Phasen dieser Bewegung bevorzugten literarischen Gattungen heraus. Überprüfe an Gerhart Hauptmanns Schaffen, ob sein Werk diesem Schema entspricht. Stütze deine These durch die Nennung von Werken Hauptmanns.

Gerhart Hauptmann

Das Abenteuer meiner Jugend 1937

[…] Georg Büchners Werke, über die ich im Verein »Durch!« einen Vortrag gehalten habe, hatten mir gewaltigen Eindruck gemacht. Das unvergleichliche Denkmal, das er nach nur dreiundzwanzig Lebensjahren hinterlassen hat, die Novelle »Lenz«, das Wozzeck-Fragment hatten für mich die Bedeutung von großen Entdeckungen. Bei dem Kultus, den ich in Hamburg sowohl wie in Erkner mit Büchner trieb, kam in meine Reise nach Zürich etwas von der sakralen Vergeistigung einer Pilgerfahrt. Hier hatte Büchner gewirkt, und hier war er begraben. Ich kannte die Abbildung seiner Grabstätte. Sie befand sich in freier Natur, nicht auf einem Kirchhofe, am Zürichberg. […] Der meine war wohl seit Jahren der erste Kranz, den jemand hier niederlegte. Georg Büchners Geist lebte nun mit uns, in uns, unter uns. […] Das Grab Georg Büchners wurde für unseren Kreis, die werdenden Forscher und werdenden Dichter, ein ständiger Wallfahrtsort. […]

Wozzeck-Fragment **Büchners unvollendetes Drama »Woyzeck«**

Georg Büchner

Lenz 1839

Folgendes »Literaturgespräch« aus Büchners Novelle »Lenz« dürfte für die jungen Naturalisten von großem Interesse gewesen sein:

[…] Über Tisch war Lenz wieder in guter Stimmung, man sprach von Literatur, er war auf seinem Gebiete; die idealisti-

Lenz **→ Seite 155**

M

Georg Büchner.
Bleistiftzeichnung von
Alexis Muston, 1833

Kaufmann
→ Seite 155

sche Periode fing damals an; Kaufmann war ein Anhänger davon, Lenz widersprach heftig. Er sagte: Die Dichter, von denen man sage, sie geben die Wirklichkeit, hätten auch keine Ahnung davon, doch seien sie immer noch erträglicher, als die, welche die Wirklichkeit verklären wollten. Er sagte: Der liebe Gott hat die Welt wohl gemacht, wie sie sein soll, und wir können wohl nicht was Besseres klecksen, unser einziges Bestreben soll sein, ihm ein wenig nachzuschaffen. Ich verlange in allem Leben, Möglichkeit des Daseins, und dann ist's gut; wir haben dann nicht zu fragen, ob es schön, ob es hässlich ist, das Gefühl, dass Was geschaffen sei, Leben habe, stehe über diesen Beiden, und sei das einzige Kriterium in Kunstsachen. Übrigens begegne es uns nur selten: in Shakespeare finden wir es und in den Volksliedern tönt es einem ganz, in Göthe manchmal entgegen. Alles Übrige kann man ins Feuer werfen. Die Leute können auch keinen Hundsstall zeichnen.

Da wollte man idealistische Gestalten, aber alles, was ich davon gesehen, sind Holzpuppen. Dieser Idealismus ist die schmählichste Verachtung der menschlichen Natur. Man versuche es einmal und senke sich in das Leben des Geringsten und gebe es wieder in den Zuckungen, den Andeutungen, dem ganzen feinen, kaum bemerkten Mienenspiel; er hätte dergleichen versucht im »Hofmeister« und den »Soldaten«. […]

Der Hofmeister → Seite 156
Die Soldaten → Seite 156

Man muss die Menschheit lieben, um in das eigentümliche Wesen jedes einzudringen; es darf einem keiner zu gering, keiner zu hässlich sein, erst dann kann man sie verstehen; das unbedeutendste Gesicht macht einen tiefern Eindruck als die bloße Empfindung des Schönen […].

Der Dichter und Bildende ist mir der Liebste, der mir die Natur am Wirklichsten gibt, so dass ich über seinem Gebild fühle. Alles Übrige stört mich. […]

Gerhart Hauptmann

Das Abenteuer meiner Jugend 1937

Über die ihn prägenden literarischen Einflüsse schreibt Hauptmann in seiner Autobiografie:

[…] Wenn ich mich frage, was ich in den […] Züricher Kreis mitbrachte und was mich schicksalhaft erfüllte, so war es natürlich literarischer Gestaltungstrieb. Ich hatte Zola, dann als ersten Russen Turgenjew, später Dostojewski und schließlich Tolstoi wesentlich in mich aufgenommen, wobei das größte Erlebnis, das mich immerwährend durchwühlte, Dostojewski blieb. In diesem Sinne, wie angedeutet, blieben Keller und Meyer zwar göttliche, aber peripherische Eindrücke. […]

peripherisch **hier: randseitig, weit entfernt**

M

Arbeitsanregungen

1. Mit seinem im »Abenteuer meiner Jugend« beschriebenen Vortrag im Verein »Durch!« machte Hauptmann Georg Büchner unter den Jungen Literaten bekannt. Gehe den Bezügen des »Bahnwärter Thiel« zu den von Hauptmann genannten Werken Büchners weiter nach und informiere deine Mitschülerinnen und Mitschüler über die Ergebnisse deiner Recherchen.

2. Du nimmst zusammen mit den Mitgliedern deiner Gruppe an einer Sitzung des Vereins »Durch!« teil. Eben hat Hauptmann das auf S. 79 ff. abgedruckte Kunstgespräch aus Büchners »Lenz« vorgetragen. Vergleicht die dort vertretenen Positionen mit denen, die ihr aus Bruno Willes Protokoll des Vereins (S. 73) kennt. Versetzt euch in die jungen Naturalisten hinein und diskutiert die Textstelle in deren Sinne.

3. Hauptmann nennt auf S. 81 eine ganze Reihe von literarischen Vorbildern. Suche dir zusammen mit deiner Gruppe eines der Vorbilder aus und bereitet für den Rest der Klasse eine kleine Präsentation zu diesem Autor und möglichen Einflüssen für Hauptmann bzw. die Naturalisten allgemein vor. Präsentiert euch gegenseitig eure Ergebnisse im Stil des Literaturvereins »Durch!«.

Gattungsgeschichte: Hauptmanns »novellistische Studie« und die Tradition der Novelle

M

Johann Wolfgang von Goethe

Gespräch mit Eckermann ______________ 29.1.1827

[…] was ist eine Novelle anders als eine sich ereignete unerhörte Begebenheit. Dies ist er eigentliche Begriff, und so vieles, was in Deutschland unter dem Titel Novelle geht, ist gar keine Novelle, sondern bloß Erzählung oder was Sie sonst wollen. […]

Theodor Storm

Eine zurückgezogene Vorrede ______________ 1881

[…] die heutige Novelle ist die Schwester des Dramas und die strengste Form der Prosadichtung. Gleich dem Drama behandelt sie die tiefsten Probleme des Menschenlebens; gleich diesem verlangt sie zu ihrer Vollendung einen im Mittelpunkt stehenden Konflikt, von welchem aus das Ganzes sich organisiert, und demzufolge die geschlossenste Form und die Ausscheidung alles Unwesentlichen; sie duldet nicht nur, sie stellt auch die höchsten Forderungen der Kunst. […]

Paul Heyse
erster deutscher Literaturnobelpreisträger 1910

Paul Heyse

Deutscher Novellenschatz — 1871

[...] Wie sehr auch die kleinste Form großer Wirkungen fähig sei, beweist unseres Erachtens gerade die Novelle, die im Gegensatz zum Roman den Eindruck eben so verdichtet, auf einen Punkt sammelt und dadurch zur höchsten Gewalt zu steigern vermag, wie es der Ballade, dem Epos gegenüber, vergönnt ist, mit einem raschen Schlage uns das innerste Herz zu treffen. Es kann hier nicht unsere Aufgabe sein, das Kapitel der Ästhetik über Roman und Novelle zu schreiben, so wenig wir mit den einleitenden Notizen eine Geschichte der deutschen Novellistik zu geben dachten. So viel aber muss doch zu vorläufiger Verständigung gesagt werden, dass wir allerdings den Unterschied beider Gattungen nicht in das Längenmaß setzen, wonach ein Roman eine mehrbändige Novelle, eine Novelle ein kleiner Roman wäre. [...]

konzentrisch um einen Mittelpunkt kreisend

Abbreviatur Abkürzung

Wenn der Roman ein Kultur- und Gesellschaftsbild im Großen, ein Weltbild im Kleinen entfaltet, bei dem es auf ein gruppenweises Ineinandergreifen oder ein konzentrisches Sichumschlingen verschiedener Lebenskreise recht eigentlich abgesehen ist, so hat die Novelle in einem einzigen Kreise einen einzelnen Konflikt, eine sittliche oder Schicksals-Idee oder ein entschieden abgegrenztes Charakterbild darzustellen und die Beziehungen der darin handelnden Menschen zu dem großen Ganzen des Weltlebens nur in andeutender Abbreviatur durchschimmern zu lassen. Die Geschichte, nicht die Zustände, das Ereignis, nicht die sich in ihm spiegelnde Weltanschauung, sind hier die Hauptsache; denn selbst der tiefste ideelle Gehalt des einzelnen Falles wird wegen seiner Einseitigkeit und Abgetrenntheit – der Isolierung des Experiments, wie die Naturforscher sagen – nur einen relativen Wert behalten, während es in der Breite des Romans möglich wird, eine

Lebens- oder Gewissensfrage der Menschheit erschöpfend von allen Seiten zu beleuchten. [...]

Im Allgemeinen [...] halten wir auch bei der Auswahl für unsern Novellenschatz an der Regel fest, der Novelle den Vorzug zu geben, deren Grundmotiv sich am deutlichsten abrundet und – mehr oder weniger gehaltvoll – etwas Eigenartiges, Spezifisches schon in der bloßen Anlage verrät. Eine starke Silhouette – um nochmals einen Ausdruck der Malersprache zu Hülfe zu nehmen – dürfte dem, was wir im eigentlichen Sinne Novelle nennen, nicht fehlen, ja wir glauben, die Probe auf die Trefflichkeit eines novellistischen Motivs werde in den meisten Fällen darin bestehen, ob der Versuch gelingt, den Inhalt in wenigen Zeilen zusammenzufassen, in der Weise, wie die alten Italiener ihren Novellen kurze Überschriften gaben, die dem Kundigen schon im Keim den spezifischen Wert des Themas verraten. Wer, der im Boccaz die Inhaltsangabe der 9ten Novelle des 5ten Tages liest:

Silhouette **Kontur, Umriss**

Boccaz **→ Seite 156**

»Federigo degli Alberighi liebt, ohne Gegenliebe zu finden; in ritterlicher Werbung verschwendet er all seine Habe und behält nur noch einen einzigen Falken; diesen, da die von ihm geliebte Dame zufällig sein Haus besucht und er sonst nichts hat, ihr ein Mahl zu bereiten, setzt er ihr bei Tische vor. Sie erfährt, was er getan, ändert plötzlich ihren Sinn und belohnt seine Liebe, indem sie ihn zum Herrn ihrer Hand und ihres Vermögens macht« – wer erkennt nicht in diesen wenigen Zeilen alle Elemente einer rührenden und erfreulichen Novelle, in der das Schicksal zweier Menschen durch eine äußere Zufallswendung, die aber die Charaktere tiefer entwickelt, aufs Liebenswürdigste sich vollendet? Wer, der diese einfachen Grundzüge einmal überblickt hat, wird die kleine Fabel je wieder vergessen, zumal wenn er sie nun mit der ganzen Anmut jenes im Ernst wie in der Schalkheit unvergleichlichen Meisters vorgetragen findet.

Wir wiederholen es: eine so einfache Form wird sich nicht für jedes Thema unseres vielbrüchigen modernen Kulturlebens finden lassen. Gleichwohl aber könnte es nicht schaden, wenn der Erzähler auch bei dem innerlichsten oder reichsten Stoff sich zuerst fragen wollte, wo »der Falke« sei, das Spezifische, das diese Geschichte von tausend anderen unterscheidet. […]

Felix Hollaender

Hauptmann und Sudermann als Novellisten _ 1892

[…] Irre ich nicht, so stammt von Paul Heyse das eigenartige Wort: Die Novelle müsse einen Falken haben […], d. h. sie zwingt ihrer ganzen knappen Form nach zur Darstellung einer Begebenheit mit Schlusspointe. […] Ich finde bei Hauptmann weder die Darstellung einer Begebenheit, noch sehe ich das Postulat der Schlusspointe erfüllt. Ihm waren nicht Cervantes und Heyse zum Muster, sondern er fand aus dem Wesen seiner Persönlichkeit die Methode und den Weg, den Heinrich von Kleist in seinem ehernen »Michael Kohlha[a]s« und Otto Ludwig in seiner zum Teil grandiosen Erzählung: »Zwischen Himmel und Erde« gegangen waren. Und weil er ein Kind seiner Zeit ist, musste Dostojewski, der mit geheimnisvollem Weitblick bis auf den Grund der Seele dringt, auf ihn wirken. Und weil er seiner ganzen Anlage nach unter den Deutschen der psychische Auskultator ist, lauscht auch er den leisesten Schwingungen der Seele nach, überall mit seinem Hämmerchen klopfend und die Distance der Töne erforschend. So wuchs ihm sein Ziel: Nicht Ereignisse wollte er darstellen, sondern Charaktere entwickeln. Die Begebenheit konnte ihm allenfalls zu gelegentlichem Mittel, nie zum Zwe-

ehern **eisern, von langer Dauer**

Auskultator **jemand, der Geräusche abhört**

cke werden. Stimmungs- und Empfindungsleben will er bis in ihre Letztzeit auflösen, nicht Aktionen redselig erzählen. [...]

Benno von Wiese

Gerhart Hauptmann. Bahnwärter Thiel ______ 1956

[...] Die novellistische Silhouette dieser Erzählung bedurfte des zentralen Dingsymbols, das im Mittelpunkt des ganzen Geschehens steht, nämlich der Eisenbahnstrecke, die zu einem gleichnishaften Ort wird, an dem sich der Einbruch des Unsichtbaren in das Sichtbare und die Auflösung einer realen und geordneten Welt ins Geisterhafte und Chaotische vollzieht. [...] Einmal spiegeln sich in dieser Bahnstrecke die Seelenvorgänge des Bahnwärters und seine mystischen Neigungen, zweitens spiegelt sich in ihr und durch sie die ganze, weit mehr dämonische als idyllische Natur, und drittens wird sie zum Spiegel für eine zufällige Katastrophe, die sich an diesem realen Ort vollzieht, ihre Zufälligkeit aber angesichts der beiden anderen Spiegelungen verliert und eine dunkle, höhere schicksalhafte Bedeutung gewinnt. [...]

Arbeitsanregungen

1. Lies die Novellendefinitionen von Goethe, Storm und Heyse sorgfältig durch. Gestalte zusammen mit deinem Nachbarn eine Grafik, in der die Novellencharakteristika anschaulich dargestellt werden.

2. Erörtere, welche der von Goethe, Storm und Heyse genannten Merkmale der Novelle auch auf Hauptmanns »Bahnwärter Thiel« zutreffen.

3. Überprüfe, ob Hauptmanns »Bahnwärter Thiel« der Theorie des Literaturnobelpreisträgers Paul Heyse zufolge einen »Falken« besitzt, und vergleiche dein Ergebnis mit den Interpretationen von Felix Hollaender und Benno von Wiese. Welcher Interpretation stimmst du eher zu?

4. Diskutiert in eurer Lerngruppe, warum Hauptmann seine Geschichte vom »Bahnwärter Thiel« in Form einer Novelle literarisch verarbeitet hat und nicht in einer anderen Gattung (Kurzgeschichte, Roman, Erzählung usw.).

Hauptmanns »novellistische Studie« als naturalistisches Experiment?

Wilhelm Bölsche

Die naturwissenschaftlichen Grundlagen der Poesie — 1887

[...] Es kann ihr [der Poesie] [...] von dem Punkte ab, wo das Dasein von Gespenstern wissenschaftlich widerlegt ist, nicht mehr gestattet werden, dass sie zum Zwecke irgendwelcher Aufklärung einen Geist aus dem Jenseits erscheinen lässt, weil sie sich sonst durchaus lächerlich und verächtlich machen würde. Es kann ihr [...] nicht ungerügt hingehen, wenn sie eine Psychologie bei den lebendigen Figuren ihrer Erzeugnisse verwertet, die durch die Fortschritte der modernen wissenschaftlichen Psychologie entschieden als falsch dargetan ist. Eine Anpassung an die neuen Resultate der Forschung ist durchweg das Einfachste, was man verlangen kann. [...]

Der Dichter, der Menschen, deren Eigenschaften er sich möglichst genau ausmalt, durch die Macht der Umstände in alle möglichen Konflikte geraten und unter Betätigung jener Eigenschaften als Sieger oder Besiegte, umwandelnd oder umgewandelt, daraus hervorgehen oder darin untergehen lässt, ist in seiner Weise ein Experimentator, wie der Chemiker, der allerlei Stoffe mischt, in gewisse Temperaturgrade bringt und den Erfolg beobachtet. Natürlich: der Dichter hat Menschen vor sich, keine Chemikalien. Aber, wie oben ausgesprochen ist, auch diese Menschen fallen ins Gebiet der Naturwissenschaften. Ihre Leidenschaften, ihr Reagieren gegen äußere Umstände, das ganze Spiel ihrer Gedanken folgen gewissen Gesetzen, die der Forscher ergründet hat und die der Dichter bei dem freien Experimente so gut zu beachten hat, wie der Chemiker [...].

Günther Mahal

Experiment zwischen Geleisen — 1993

[…] In der zumindest theoretischen Zola-Nachfolge, in der soziologischen Auswahl der Titelfigur, in der Genauigkeit der nicht so sehr Milieu- als Landschaftsschilderung, in der gegen Ende der Novelle streckenweise vorgeführten Identität von Erzählzeit und erzählter Zeit und in einigen weiteren von der Forschung hervorgehobenen Merkmalen darf Hauptmanns »novellistische Studie« dem Naturalismus zugeordnet werden. Die Momente einer unverdächtig virulenten Religiosität, die bereits dem Symbolismus zuzuordnenden Elemente einer neuen und vitalisierten Naturmetaphorik, die wie vergessenes Treibgut übrig gebliebenen Romantizismen, vor allem aber die ohne Freuds Hilfe und Sprache formulierten tiefenpsychologischen Einsprengsel verbieten jene simplen Gleichungen, die den »Bahnwärter Thiel« allein als Schulbeispiel eines Naturalismus werten wollen, der den Menschen ganz erklären zu können meinte. […]

Symbolismus
→ Seite 156
vitalisiert
belebt
Romantizismen
Anklänge an Stilmerkmale der Epoche der Romantik
Freud
→ Seite 156

Benno von Wiese

Gerhart Hauptmann. Bahnwärter Thiel — 1956

[…] Man sollte weder von einer Tragik der »dem Leben nicht gewachsenen Innerlichkeit« sprechen noch das Ganze für eine medizinische Studie halten, die naturwissenschaftliche Erkenntnisse durch die erzählende Prosa darstellen will. Hingegen hat der junge Hauptmann hier seine besondere Erfahrung der Welt auf eine einmalige Weise verdichtet. […]

»dem Leben nicht gewachsenen Innerlichkeit«
→ Seite 156

Auf dieses Zusammenfließen von Realismus und Symbolismus im »Bahnwärter Thiel« haben neuerdings auch Requadt und Martini nachdrücklich hingewiesen [...]: es geht hier keineswegs um eine beliebige Wirklichkeitsnachahmung, die irgendwo anfängt und irgendwo aufhört, sondern um eine bestimmte Art künstlerischer Verwandlung, die sich zwar an die wirklichen Objekte hält, an die gegenständliche Umwelt oder an psychologisch erfassbare Seelenvorgänge, aber ihnen durch eine bestimmte Weise des Verknüpfens und Wiederholens eine über das Sicht- und Messbare weit hinausweisende Bedeutung verleiht. [...]

Gerade die Entmächtigung der alltäglich-durchschnittlichen Wirklichkeit durch überwirkliche, unbewusste Mächte des Traumes, der Vision, der Seele, der Natur, mit einem Wort: des Irrationalen ist das Thema dieser Novelle, freilich nicht auf eine abstrakt gedankliche Weise, sondern in der künstlerischen Gestaltung des einmaligen Falles des Bahnwärters Thiel und der ihm gleichnishaft zugeordneten wirklich-überwirklichen Welt seiner Bahnstrecke. [...]

Die genau beschriebene Wirklichkeit des Ortes, die dort erfahrene tumultuöse Traumwelt der Seele, die ins Rätselhafte gesteigerte Großartigkeit der Naturvorgänge, schließlich das fatale Unglück und seine Folgen: das alles lässt sich nicht etwa gesondert betrachten, als ob es unverbunden nebeneinander stände, sondern es gewinnt sein novellistisches Profil in dieser wechselseitigen, vom Künstler erst geschaffenen Erhellung der Bilder und Spiegelungen, durch die die ganze Erzählung aus dem Wirklichen ins Geisterhafte, aus dem Zufälligen ins Schicksalhafte, aus dem Psychologischen ins Mythische hinüberwächst. Gleichgültig, ob der junge Hauptmann sich dessen bewusst gewesen ist oder nicht: als er seine erste naturalistische Novelle schrieb, hatte er das Programm des Naturalismus bereits durch eine symbolische Bildgestaltung überwunden, so wie sie damals außer ihm in Deutschland nur noch dem alten Theodor Fontane möglich war. [...]

tumultuös
heftig, aufgeregt, bewegt
fatal
hier: verhängnisvoll, verderblich, folgenschwer

das Mythische
→ Seite 156

Arbeitsanregungen

1. Arbeite Wilhelm Bölsches Kunstideal (S. 89) heraus.
a) Entspricht Hauptmanns »Bahnwärter Thiel« diesen Forderungen? Notiere Pro- und Kontra-Argumente.
b) Nehmen wir an, Hauptmann führte in »Bahnwärter Thiel« tatsächlich ein »Experiment« im Sinne Bölsches durch. Skizziere in diesem Sinne den Versuchsaufbau dieses gleichsam chemischen Experiments. Gib dazu die Umstände an, in die die literarische(n) Versuchsperson(en) »gesetzt« wurde(n) und beschreibe die »Reaktionen«. Richte dabei ein besonderes Augenmerk auf die Frage, wodurch Thiels Tat und sein Wahnsinn ausgelöst werden. Lassen sich aus diesem »Experiment« deiner Meinung nach »Gesetze« erkennen, nach denen Bölsche zufolge auch der Mensch reagiert?

2. Wilhelm Bölsches Ideen sind – wie die vieler Naturalisten – stark von Emile Zolas Theorie des »Experimentalromans« beeinflusst. Informiere dich in einem Lexikon oder im Internet über Zolas »Roman experimental«.

3. a) Sammle Argumente für und gegen die Behauptung, »Bahnwärter Thiel« sei ein Musterbeispiel für die Epoche des Naturalismus. Ziehe hierzu sowohl Aspekte des Novellistischen als auch des Experimentellen an Hauptmanns »novellistischer Studie« heran.
b) Inszeniert in der Klasse eine Podiumsdiskussion zu dieser in der Forschung höchst umstrittenen Frage.
c) Vergleicht euer Diskussionsergebnis mit der Interpretation Mahals auf S. 90 und von Wieses auf S. 90 f.

Sekundenstil und andere formale Experimente naturalistischen Erzählens

Arno Holz/Johannes Schlaf

Papa Hamlet (Ausschnitt) 1889

Basierend auf einem Experiment, bei dem sie das Abbrennen einer Kerze aufs Genauste beobachtet hatten, stellten Arno Holz und Johannes Schlaf in ihrer »Studie« über eine Kindstötung im ärmlichen Schauspielermilieu die Atmosphäre beim Licht eines Öllämpchens folgendermaßen dar:

Arno Holz und Johannes Schlaf, 1893

[...] Das Zündholzschächtelchen hatte jetzt geraschelt, es flackerte auf! Sie leuchtete über den Tisch hin. Der schmale Goldrand um die kleine Fotografie glitzerte. Die Nachtlampe stand auf dem alten aufgeklappten Buch mitten zwischen dem Geschirr.

Jetzt ein leises Sprühn und Knistern, der Docht hatte gefangen. Über ihr, groß an der Decke, ihr Schatten. […]

Das Lämpchen auf dem Tisch hatte jetzt leise zu zittern angefangen, die hellen langgezogenen Kringel, die sein Wasser oben quer über die Decke und ein Stück Tapete weg gelegt hatte, schaukelten. Das Geschirr um das Glas hob sich schwarz aus ihnen ab. Die Kaffeekanne reichte bis über die Decke. […]

Die weißen Lichtringe fluteten und fluteten, das Öl auf dem Tisch knatterte leise, ein kleines Fünkchen war eben von seinem Docht abgespritzt und schwamm nun schwarz in der dicken, goldgelben Masse. […]

Günther Mahal

Naturalismus — 1982

[…] Die »Fotografie« naturalistischer Epik (und Dramatik) setzt sich zusammen aus der Summe vieler einzelner Rasterpunkte, und zwar so, dass das schließlich entstehende Gesamtbild nicht »Zeile« für »Zeile« »gesetzt« erscheint, sondern nach der Art eines Puzzles zusammengefügt wird […]. Durch die Reihung heterogenster Phänomene im Erzählvorgang aber erscheint jeder dieser Einzelpunkte vom kontextualen Bezug ablösbar; bei noch näherem Hinsehen endlich zeigt sich, dass ein so erstellter Textzusammenhang verfährt wie jene impressionistischen Maler, welche ihre […] Bilder Pinselstrich um Pinselstrich – also nicht mehr mit klaren Linien und scharfen Konturen, mit durchgehaltener Perspektive und klar abgegrenztem Vorder-, Mittel- und Hintergrund – malten; wie sie es nannten: pointillistisch. […] Nun zeigt sich das Paradox naturalistisch-konsequenten Stils: im Be-

heterogen **uneinheitlich, verschieden**
kontextualen Bezug **Zusammenhang**
impressionistische Maler **z. B. Monet, Manet, Cézanne etc.**
pointillistisch **→ Seite 156**

mühen um perfekte Darbietung von Konkreta […] verselbständigen sich diese einzelnen Konkreta zu Abstrakta; es entsteht stilgeschichtlich die Grundlage des Impressionismus. […]

Konkreta
→ Seite 156
Abstrakta
→ Seite 156
Impressionismus
→ Seite 157

Claude Monet, Der Bahnhof Saint-Lazare, 1877

Fotografie einer Dampflokomotive

Arbeitsanregungen

1. a) Analysiere die Ausschnitte zum »Lampenexperiment« aus »Papa Hamlet« im Hinblick auf die sprachliche Umsetzung dieses real durchgeführten »Experiments«. Diskutiere mit deinem Nachbarn die Wirkung der Passage.
b) Lies die gesamte »Studie« und betrachte das Zusammenwirken der Lampenstellen mit der geschilderten Kindstötung.

2. a) Lies in »Bahnwärter Thiel« die Stelle, an der Tobias durch das Zugunglück ums Leben kommt (S. 36 f.). Was fällt dir an der Erzähltechnik auf? Informiere dich über den Begriff »erlebte Rede« und suche die entsprechenden Passage in diesem Textabschnitt.
b) Lies die erste Beschreibung des herannahenden Zugs in »Bahnwärter Thiel« (S. 25). Untersuche, inwiefern der Begriff »Sekundenstil« (vgl. Lexikonartikel S. 76) zutreffend ist und zeige dies an einschlägigen Textstellen.
c) Führt nun selbst in der Gruppe ein einfaches Beobachtungs-«Experiment« durch und versucht eine detailgetreue »naturalistische« Beschreibung im Sekundenstil.

3. a) Vergleiche den Effekt des herannahenden Zugs bei Hauptmann (S. 25) mit dem Eindruck, den impressionistische Malerei oder eine Fotografie bei dir hinterlassen (vgl. die Bilder auf S. 95), und diskutiere diese Wirkung mit deinem Nachbarn. Lest anschließend den Text von Mahal auf S. 94 f.
b) Versuche die Atmosphäre dieser Textstelle in einem »impressionistischen« (pointillistischen) Bild festzuhalten.

Das Eisenbahnmotiv um 1900

Eisenbahn mit Kutschenunglück, 1842

Zugunglück von Eschede, 1998

Joseph Viktor von Scheffel

Der letzte Postillon

1868

Bald ist, soweit die Menschheit haust,
Der Schienenweg gespannt;
Es keucht und schnaubt und stampft und saust
Das Dampfross rings durchs Land.

Hauderer Lohn- oder Mietkutscher

Und wiedrum in fünfhundert Jahr
Weiß der Gelahrteste nicht
Zu sagen, was ein Hauderer war,
Was Fuhrmanns Recht und Pflicht.

Sonnenwend' → Seite 157
Schemen hier: schwer erkennbare, verschwommene Gestalten

Nur in der Nacht der Sonnenwend',
Wo dunkle Schemen gehn,
Wird zwischen Erd' und Firmament
Ein fremd Gespann gesehn.

Postillon Postkutscher

Der Schimmel trabt, die Peitsche schwirrt,
Laut schmettert Posthornton,
Als Geist kommt durch die Luft kutschiert
Ein greiser Postillon.

Sperlingsfrack Uniform des Postkutschers
Thurn Taxis' Wappenknopf → Seite 157
Ulmerkopf geschnitzter Pfeifenkopf

Fahl glänzt am gelben Sperlingsfrack
Thurn Taxis' Wappenknopf,
Er raucht uralten Rauchtabak
Aus braunem Ulmerkopf.

Er raucht und spricht: »O Erdenball,
Wie anders schaust du drein,
Seit ich mit Sang und Peitschenknall
Reichspostdienst tat am Rhein!

O Zeit des Passgangs und des Trabs,
Des Trinkgelds und des Trunks,
Des Poststalls und des Wanderstabs,
Des idealen Schwungs!

Passgang
→ Seite 157
Trab
→ Seite 157

Jetzt geht die Welt aus Rand und Band,
Die Besten ziehn davon,
Und mit dem letzten Hausknecht schwand
Der letzte Postillon.

Jetzt rennt der Dampf, jetzt brennt der Wind,
Jetzt gilt kein Fruh und Spat,
Die Sonne malt und blitzgeschwind
Briefschreibt der Kupferdraht.

Briefschreibt der Kupferdraht
→ Seite 157

O neues Rüstzeug, alter Kampf!
Wo treff' ich Glück und Ruh'?
O Erdenphosphor, Gas und Dampf!
Fahr' zu, mein Schimmel, fahr' zu!«

Phosphor
→ Seite 157

Theodor Fontane

Die Brück' am Tay (28. Dezember 1879)

When shall we three meet again?
Macbeth

»Wann treffen wir drei wieder zusamm?«
»Um die siebente Stund', am Brückendamm.«
»Am Mittelpfeiler.«

»Ich lösche die Flamm.«

»Ich mit.«
»Ich komme vom Norden her.«
»Und ich vom Süden.«
»Und ich vom Meer.«

»Hei, das gibt einen Ringelreihn,
Und die Brücke muss in den Grund hinein.«

»Und der Zug, der in die Brücke tritt
Um die siebente Stund'?«
»Ei, der muss mit.«
»Muss mit.«

Tand **wertloses Zeug**

»Tand, Tand
Ist das Gebilde von Menschenhand!«

Auf der *Norder*seite, das Brückenhaus –
Alle Fenster sehen nach Süden aus,
Und die Brücknersleut' ohne Rast und Ruh
Und in Bangen sehen nach Süden zu,
Sehen und warten, ob nicht ein Licht
Übers Wasser hin »Ich komme« spricht,
»Ich komme, trotz Nacht und Sturmesflug,
Ich, der Edinburger Zug.«

Und der Brückner jetzt: »Ich seh' einen Schein
Am anderen Ufer. Das muss er sein.
Nun, Mutter, weg mit dem bangen Traum,
Unser Johnie kommt und will seinen Baum,
Und was noch am Baume von Lichtern ist,
Zünd' alles an wie zum heiligen Christ,
Der will heuer *zweimal* mit uns sein, –
Und in elf Minuten ist er herein.«

Und es war der Zug. Am *Süder*turm
Keucht er vorbei jetzt gegen den Sturm,
Und Johnie spricht: »Die Brücke noch!
Aber was tut es, wir zwingen es doch.
Ein fester Kessel, ein doppelter Dampf,

Die bleiben Sieger in solchem Kampf.
Und wie's auch rast und ringt und rennt,
Wir kriegen es unter, das Element.

Und unser Stolz ist unsre Brück';
Ich lache, denk' ich an früher zurück,
An all den Jammer und all die Not
Mit dem elend alten Schifferboot;
Wie manche liebe Christfestnacht
Hab' ich im Fährhaus zugebracht
Und sah unsrer Fenster lichten Schein
Und zählte und konnte nicht drüben sein.«

Auf der Norderseite, das Brückenhaus –
Alle Fenster sehen nach Süden aus,
Und die Brücknersleut' ohne Rast und Ruh
Und in Bangen sehen nach Süden zu;
Denn wütender wurde der Winde Spiel,
Und jetzt, als ob Feuer vom Himmel fiel',
Erglüht es in niederschießender Pracht
Überm Wasser unten ... Und wieder ist Nacht.

»Wann treffen wir drei wieder zusamm?«
»Um Mitternacht, am Bergeskamm.«
»Auf dem hohen Moor, am Erlenstamm.«

Ernst Stadler

Fahrt über die Kölner Rheinbrücke bei Nacht _ 1913

Der Schnellzug tastet sich und stößt die Dunkelheit entlang.
Kein Stern will vor. Die ganze Welt ist nur ein enger, nachtumschienter Minengang,
Darein zuweilen Förderstellen blauen Lichtes jähe Horizonte reißen: Feuerkreis
Von Kugellampen, Dächern, Schloten, dampfend, strömend .. nur sekundenweis ..
Und wieder alles schwarz. Als führen wir ins Eingeweid der Nacht zur Schicht.
Nun taumeln Lichter her .. verirrt, trostlos vereinsamt .. mehr .. und sammeln sich .. und werden dicht.
Gerippe grauer Häuserfronten liegen bloß, im Zwielicht bleichend, tot – etwas muss kommen .. o, ich fühl es schwer
Im Hirn. Eine Beklemmung singt im Blut. Dann dröhnt der Boden plötzlich wie ein Meer:
Wir fliegen, aufgehoben, königlich durch nachtentrissne Luft, hoch übern Strom. O Biegung der Millionen Lichter, stumme Wacht,
Vor deren blitzender Parade schwer die Wasser abwärts rollen. Endloses Spalier, zum Gruß gestellt bei Nacht!
Wie Fackeln stürmend! Freudiges! Salut von Schiffen über blauer See! Bestirntes Fest!
Wimmelnd, mit hellen Augen hingedrängt! Bis wo die Stadt mit letzten Häusern ihren Gast entlässt.
Und dann die langen Einsamkeiten. Nackte Ufer. Stille. Nacht. Besinnung. Einkehr. Kommunion.
Und Glut und Drang
Zum Letzten, Segnenden. Zum Zeugungsfest. Zur Wollust. Zum Gebet. Zum Meer. Zum Untergang.

Minengang → Seite 157

Kommunion Abendmahl

Thomas Mann

Das Eisenbahnunglück (Ausschnitt) 1909

[…] In diesem Augenblick geschieht das Eisenbahnunglück. Ich weiß es wie heute.

Es gab einen Stoß, – aber mit »Stoß« ist wenig gesagt. Es war ein Stoß, der sich sofort als unbedingt bösartig kennzeichnete, ein in sich abscheulich krachender Stoß und von solcher Gewalt, dass mir die Handtasche, ich weiß nicht, wohin, aus den Händen flog und ich selbst mit der Schulter schmerzhaft gegen die Wand geschleudert wurde. Dabei war keine Zeit zur Besinnung. Aber was folgte, war ein entsetzliches Schlenkern des Wagens, und während seiner Dauer hatte man Muße, sich zu ängstigen. Ein Eisenbahnwagen schlenkert wohl, bei Weichen, bei scharfen Kurven, das kennt man. Aber dies war ein Schlenkern, dass man nicht stehen konnte, dass man von einer Wand zur andern geworfen wurde und dem Kentern des Wagens entgegensah. Ich dachte etwas sehr Einfaches, aber ich dachte es konzentriert und ausschließlich. Ich dachte: »Das geht nicht gut, das geht nicht gut, das geht keinesfalls gut.« Wörtlich so. Außerdem dachte ich: »Halt! Halt! Halt!« Denn ich wusste, dass, wenn der Zug erst stünde, sehr viel gewonnen sein würde. Und siehe, auf dieses mein stilles und inbrünstiges Kommando stand der Zug.

Bisher hatte Totenstille im Schlafwagen geherrscht. Nun kam der Schrecken zum Ausbruch. Schrille Damenschreie mischen sich mit den dumpfen Bestürzungsrufen von Männern. Neben mir höre ich »Hilfe!« rufen, und kein Zweifel, es ist die Stimme, die sich vorhin des Ausdrucks »Affenschwanz« bediente, die Stimme des Herrn in Gamaschen, seine vor Angst entstellte Stimme. »Hilfe!«, ruft er, und in dem Augenblick, wo ich den Gang betrete, auf dem die Fahrgäste zusammenlaufen, bricht er in seidenem Schlafanzug aus seinem Abteil hervor und steht da mit irren Blicken. »Großer Gott!«, sagt er, »Allmächtiger Gott!« Und um sich gänzlich zu demütigen und so vielleicht seine Vernichtung abzuwenden, sagt er auch noch in bittendem Tone: »Lieber Gott …« Aber plötzlich besinnt er sich eines andern und greift zur Selbsthilfe. Er wirft sich auf das Wandschränkchen, in welchem für alle Fälle ein Beil und eine Säge hängen, schlägt mit der Faust die Glasscheibe entzwei, lässt aber, da er nicht gleich dazu gelangen kann, das Werkzeug in Ruh', bahnt sich mit wilden Püffen einen Weg durch die versammelten Fahrgäste, sodass die halbnackten Damen aufs Neue kreischen, und springt ins Freie. […]

Adolph von Menzel, Auf der Fahrt durch schöne Natur, 1892

Arbeitsanregungen

1. a) Betrachte das obere Bild auf S. 97 und beschreibe das dort geschilderte Verhältnis von Eisenbahn und Mensch.
b) Vergleiche das Bild mit dem Foto von dem Eisenbahnunglück von Eschede im Jahr 1998 und notiere deine Assoziationen in Form einer Mindmap.

2. Arbeite aus dem Gedicht Joseph Viktor von Scheffels die Einstellung zur Eisenbahn um 1900 heraus und formuliere auf dieser Grundlage einen argumentativen Text mit dem Titel »Die Auswirkungen der Eisenbahn auf unsere Gesellschaft« aus der Perspektive des 19. Jahrhunderts.

3. Fontanes Ballade »Die Brück' am Tay« ist das wohl berühmteste Gedicht über ein Zugunglück. Nehmen wir an, man hätte den Autor zum Zugunglück von Eschede 1998 befragen können. Was hätte er wohl in einem Interview dazu gesagt? Schreibe einen kurzen Dialog.

4. Ernst Stadlers Gedicht »Fahrt über die Kölner Rheinbrücke bei Nacht« setzt die Zugfahrt mit einem Akt der »Wollust«, einem »Zeugungsfest« gleich. Ähnliche Interpretationen gibt es auch im Hinblick auf eine Stelle aus »Bahnwärter Thiel«. Überprüfe diese These anhand von S. 24 ff. und vergleiche die Darstellung der Zugfahrt in den beiden Texten.

5. Thomas Mann schildert in der Erzählung »Das Eisenbahnunglück«, wie Zugpassagiere einen Unfall erleben. Schildere das Unglück des kleinen Tobias aus der Sicht eines Fahrgastes.

M

Mensch – Technik – Natur im Werk des jungen Gerhart Hauptmann

Gerhart Hauptmann

Abendstimmung 1888

Hin durch den Forst schießt eine weiße Schlange,
spitz ist ihr Haupt, ihr Schweif weht im Winde;
darunter braust auf stählernem Gewinde
der Erdenpuls in nimmermüdem Gange.

Verschwunden ist sie tief im Forste lange,
stumm ragt die Kiefer, um die rote Rinde
spielt schon der Nachthauch, schweifen Nebel linde,
und Uhuschrei tönt ferneher und bange.

Ein Tümpel liegt in weltvergessnen Träumen,
vom Frühlingsregen angefüllt, am Raine;
es spiegeln drin sich einsam Ost und Westen.

Tiefblau der Ost steht über schwarzen Bäumen,
die Stirn geziert mit einem Demantsteine;
der Westen prahlt mit fahlen Sonnenresten.

Rain(e) **Ackergrenze, auch Abhang**

Demantsteine **Diamanten**

Gerhart Hauptmann

Im Nachtzug 1888

Auszüge (Strophen 1, 2, 6, 9 von 14)

Es poltert der Zug durch die Mondscheinnacht,
die Räder dröhnen und rasen.
Still sitz' ich im Polster und halte die Wacht
unter sieben schnarchenden Nasen.
Die Lampe flackert und zittert und zuckt
und der Wagen rasselt und rüttelt und ruckt,
und weit blick' ich hinaus in das dämmrige Licht
und schemenhaft schau' ich mein blasses Gesicht
im lampenbeschienenen Fenster

Da rast es nun hin mit dem brausenden Zug
an Wiesen und Wäldern vorüber,
über Mauern, Stakete und Bäume im Flug,
und trüber blickt es und trüber.
Und jetzo, wahrhaftig, ich täusche mich nicht,
jetzt rollen über mein Schattengesicht
zwei schwere und leuchtende Tränen.
Und tief in der Brust mir klingt es und singt's,
und fiebernd das Herz und die Pulse durchdringt's,
ein wildes, ein brennendes Sehnen.

Stakete **Latte (Staketenzaun = Lattenzaun)**

[...]

Rauchwolken verhüllen das dämmernde Bild
und schlingen weißwogende Reigen.
Doch unter mir stampft es und schmettert es wild,
und unter mir will es nicht schweigen.
Es klingt wie ein Ächzen, es rieselt wie Schweiß,

Reigen **wörtlich: veraltet für „Reihen"; ein Tanz**

Zyklopen einäugige Riesen der griechischen Sagenwelt

als schleppten Zyklopen hin über das Gleis
den Zug auf ehernen Armen.
Und wie ich noch lausche, beklommen und bang,
da wird aus dem Chaos ein Donnergesang,
zum Grauen zugleich und Erbarmen.

[…]

Ried Schilf, Röhricht

Willst lernen, Poetlein, das heilige Lied,
so lausche dem Rasseln der Schienen,
so meide das schläfrige, tändelnde Ried
und folge dem Gang der Maschinen;
beachte den Funken im singenden Draht,
des Schiffes schwindelnden Wolkenpfad,
und weiter, o beuge dich nieder
zum Herzen der Armen, mitleidig und mild,
und was es dir zitternd und weinend enthüllt,
ersteh' es in Tönen dir wieder!«

[…]

Gerhart Hauptmann

Der Wächter 1888

Wenn bleich der Mond mit mildem Licht erhellt
um Mitternacht die schlummermüde Welt,
dann denk' ich oft an einen stillen Mann,
und meine Träne fängt zu rinnen an.
Um einen Bahnhof schlich er jede Nacht,
den er mit seinem Spieß und Hund bewacht'.
Der Spieß war rostig, struppig war der Hund,

der arme Wächter krank und todeswund.
Die Lippe bleich und schmal; sein Auge matt
unheimlich düster nur gefunkelt hat,
wenn man ihm mitleidsvoll ein Mittel bot,
zurückzuschrecken den Gevatter Tod,
Gevatter Tod, mit dem er rum sich schlug
und den er fest im kranken Busen trug.
Kein Mittel half; und ob er auch zuletzt,
von Todesangst und Herzensqual gehetzt,
von seinem Spieß den braunen Rost geleckt,
nichts hat den Gast im Busen fortgeschreckt.
So schlich er sich gespenstig um das Haus
und maß der Schienen blanke Stränge aus,
ging hin und her auf einsam stiller Wacht;
Gott weiß es, was der Arme da gedacht.
Rings Wald und Flur; im bergig weiten Tal
ein fernes Licht, bald rot, bald gelblich fahl;
ein Tropfen Schweiß bald, bald ein Tropfen Blut:
Kalköfen sind's in ewig reger Glut.
Und jedes Mal, wenn heller ward ihr Brand,
ward rot miteins des Wächters Wang' und Hand;
und wurde matter ihr erdrückter Strahl,
so ward ihm Hand und Wange wieder fahl.
Denn was sich tödlich drin im Busen regt,
das hat die Flamme ihm hineingelegt.
Sie buk ein Brot, das er im Hunger aß,
an dem er krankt', wie Weib und Kind genas.
Doch sah er auch von ferne schon den Tod,
sein Weib und seine Kinder brauchten Brot.
Schweißtropfen quollen nieder Jahr auf Jahr,
die Brust vom Kalkstaub schier zerfressen war;
er ließ mit Sorg' und Mühen nimmer nach,
bis er auf einmal jäh zusammenbrach.

Ein Krankenlager kam: Furchtbare Pein,
zum Tode krank und arm dabei zu sein,
zu sehn die Not im Weibesangesicht,
ein hungrig Kind, das fast zusammenbricht
vor Mattigkeit, mit jammervollem Schrei
die Ärmchen ausstreckt nach der Arzenei.
Da sprang er auf, und noch zum Tode krank,
er seine schwachen Kräfte neu verdang –
ward Wächter – lief die Nächte mild umher
und schlief am Tage heiß und fieberschwer.
So schritt er denn in einsam-stillem Gang
wohl auf und ab den graden Schienenstrang,
im letzten Dienst, gemartert und erschlafft
für Weib und Kind, mit seiner letzten Kraft.
Oft stand er da vom Wintersturm umbraust,
mit großen Augen und geballter Faust,
von heißen Tropfen das Gesicht betränt,
an des Gebäudes Ziegelwand gelehnt,
und sah hinaus mit stierem Angesicht
nach seiner fernen Totenfackeln Licht.
Und so auch fand man ihn zuletzt erstarrt
und hat ihn still und schleunigst eingescharrt.
Es dröhnt der Zug und tobet übers Gleis,
das Feuer brennt noch heut wie Blut und Schweiß,
und jetzt wie damals bäckt man in das Brot
den frühen, kalten, jammervollen Tod!

Käthe Kollwitz, Leere Schüssel, 1924

Hanno Möbius

Der Naturalismus — 1982

Hanno Möbius wertet die »Re-Vitalisierung von Technik« in »Bahnwärter Thiel« negativ:

[…] Die Lokomotive etwa fährt mit »eisernen Sehnen« an […], sie keucht […] und ihr Getöse ist »den Hufschlägen eines heranbrausenden Reitergeschwaders nicht unähnlich«. […] Die Technik wird vom Anorganischen in das Organische

anorganisch **zum unbelebten Bereich der Natur gehörend**
organisch **zum belebten Bereich der Natur gehörend**

zurückübersetzt, die Maschine ideologisierend in ein Tier rückverwandelt. Damit wird gerade das rückgängig gemacht, was die moderne Technik auszeichnet [...]. Das Neuartige der Technik verschwindet durch die literarisch-ideologische Verarbeitung, es wird auf das angeblich überzeitliche, menschliche Maß [...] zurückgenommen. Hauptmann steht damit thematisch im Widerspruch zu der Zukunftsorientierung des positivistisch-naturwissenschaftlich fundierten Naturalismus. [...]

Peter Sprengel

Formen der Bildlichkeit: die Eisenbahn als Symbol des Triebhaften — 1984

dualistisch hier: in Gegensätzen

intendiert beabsichtigt

Pendant Entsprechung

spirituell geistig, geistlich

[...] Die Kombination von »romantischer« Naturschilderung und »naturalistischer« Technik-Darstellung ist charakteristisch. Es geht Hauptmann, der auch hier dualistisch verfährt, gerade um den Kontrast von Natur und Technik. Diese zerstört jene: die geradlinige Strecke »schneidet« in den grünen Forst, der Lärm des vorbeirasenden Zuges »zerreißt« die feierliche Stille des Waldes, eine »Wolke von Staub, Dampf und Qualm« verdeckt vorübergehend die Farbenpracht des »erhabenen« Naturschauspiels. Hier wird mehr intendiert als sentimentale Naturpoesie: Der im Sonnenrot erglühende Waldwinkel gibt sich als symbolisches Pendant der spirituellen Beziehung Thiels zu Minna zu erkennen. Andererseits enthält die Beschreibung der Bahn unmissverständliche Hinweise auf Thiels gegensätzliche Abhängigkeit von Lene, die übrigens ihrerseits an späterer Stelle [...] mit einer Maschine verglichen wird. Die Gleise erscheinen als »ungeheure eiserne Netzmasche«, die Telegrafendrähte als »Gewebe einer Riesenspinne«: die Technik evoziert dasselbe Bild des bedrohlichen Netzes, in dem Thiels sexuelle Hörigkeit reflektiert wird […]! Nur wer von einem verdinglichten Gegenstandsbezug ausgeht, kann die organologische Metaphorik in der Beschreibung des herannahenden Zuges als Modernitätsdefizit des Autors monieren. [Sprengel bezieht sich hier ausdrücklich auf Hanno Möbius, s. S. 111 f.] […]

evoziert
ruft hervor

organologische Metaphorik
→ Seite 157

monieren
etwas bemängeln, tadeln

Alfred Heinimann

Technische Innovation und literarische Aneignung — 1992

[…] Es ist die durchfahrene Natur, die […] die Atmosphäre für die Eisenbahn schafft und nicht umgekehrt die technische Welt, die einseitig in die Natur eingreift und dadurch als Störfaktor empfunden wird. […]

Zum ersten Mal in der Geschichte der deutschen Fiktionalisierungen der Eisenbahn ist sie […] bei Hauptmann zum auslösenden Moment psychischer Vorgänge und zur sichtbaren Verkörperung unsichtbarer zerstörerischer Mächte geworden. Erst der Naturalismus oder gar, wie es B. v. Wiese als These formuliert, seine Überwindung im Zusammenfließen von Realismus und Symbolismus hat dem technischen Thema eine Seite abgewonnen, die bis dahin allzu lange von volkstümlicher Beschaulichkeit und der undifferenzierten Tendenz der Verteufelung oder Heroisierung dominiert war. […]

Fiktionalisierungen
→ Seite 158

Arbeitsanregungen

1. Hauptmann hat in seiner frühen Gedichtsammlung »Das bunte Buch« von 1885 in den Gedichten »Abendstimmung« und »Der Wächter« ähnliche Motive verarbeitet wie in »Bahnwärter Thiel«.

a) Findet Übereinstimmungen und/oder Unterschiede. Diskutiert diese in Form einer Literaturdebatte in der Klasse.

b) Arno Holz bemerkte im Hinblick auf die Lyrik der Naturalisten, man müsse neben den Inhalten auch die Formen revolutionieren. Trifft diese Kritik die Gedichte »Abendstimmung« und »Der Wächter«? Begründe deine Meinung auf der Grundlage einer formalen Analyse der Gedichte.

c) Gelingt es Hauptmann deiner Meinung nach, die Form in »Bahnwärter Thiel« zu revolutionieren?

2. In dem Gedicht »Im Nachtzug« schildert Hauptmann den Blick aus dem nächtlichen Zug und die Gedanken, die ihn dabei beschäftigen. In »Bahnwärter Thiel« sehen wir die vorbeirasenden Züge nur von außen. Schreibe einen inneren Monolog aus der Perspektive eines Zuggastes in dem Zug, den Bahnwärter Thiel auf S. 24 f. vorüberfahren sieht.

3. Vergleiche die Aussagen von Hanno Möbius und Peter Sprengel zur Darstellung von Technik bei Hauptmann. Welche Unterschiede stellst du fest?

4. Auch in der Aussage von Alfred Heinimann gibt es Unterschiede zur Einschätzung Sprengels und Möbius'. Arbeite sie heraus und formuliere deine eigene Position schriftlich.

Bahnwärter Thiel als Psychogramm eines wahnsinnigen Amokläufers?

Eduard Bernstein

Zwei Novellen von Gerhart Hauptmann _____ 1892

[…] Hauptmann hätte seine Skizzen auch psychopathische Studien nennen können, psychopathische Studien in novellistischer Form. Nun steht es dem Dichter gewiss frei, seinen Stoff nach seinem Belieben zu wählen, soweit derselbe nur das Interesse zu erwecken, unser Herz zu bewegen vermag. Und dass dazu die menschliche Seele in ihren verschiedenartigen Manifestationen, je nachdem also auch in ihren Krankheitszuständen, in hohem Grade gehört, wird niemand bestreiten wollen. Dennoch – wie kommt es, dass ein Dichter, von der Begabung Hauptmann's, mit so großer Vorliebe immer und immer wieder sich auf die Schilderung kranker Seelen und seelischer Erkrankungen verlegt, mit Vorliebe Schwächlinge oder dem Wahnsinn nahe, in dem Wahnsinn naher Verfassung sich befindende Persönlichkeiten schildert? Bietet unser Zeitalter wirklich nichts, was der Aufgabe eines Dichters würdiger wäre – zumal eines Dichters, der in dem größten Kampf der Epoche auf der Seite der Kämpfer für eine neue Gesellschaft steht? […]

psychopathisch
→ Seite 158

Manifestationen
→ Seite 158
das Offenbar-, Sichtbarwerden hier: Äußerungen, Erscheinungen

neue Gesellschaft
→ Seite 158

Rüdiger Bernhardt

Hauptmanns Erzählungen _____ 1987

[…] Mit der psychischen Zerrüttung des Menschen durch Vereinsamung wandte sich Hauptmann einem Thema zu, das die Berliner Naturalisten Ende der achtziger Jahre häufig aufgriffen. Er reduzierte die äußerlichen sozialen Verhältnisse und Bindungen auf ein Mindestmaß und machte sie dennoch als Ursache der zunehmenden Entfremdung in der Arbeitswelt und den menschlichen Beziehungen transparent. Die Katastrophe, die die Menschen ereilt, wird schließlich erwartet als Konsequenz absoluter Vereinsamung. […]

Thiels Isolation wird dem unaufhaltsamen Geschehen in der großen Welt entgegengestellt, veranschaulicht durch die dahinrasenden dämonisierten Eisenbahnen und die in die Ferne führenden Telegrafenstangen; sein abgeschiedenes Dasein wird so zum Symptom einer menschenfeindlichen Gesellschaft.

Determiniertheit → Seite 158

Das Geschehen vollzieht sich indessen ohne jegliche Einsichten Thiels in seine Determiniertheit und wirkt deshalb um so unausweichlicher. Weil er sich sozialen und naturgesetzlichen Mächten dumpf ausgeliefert fühlt, nehmen sie für den Bahnwärter – aus Unkenntnis und infolge der lockeren Bindung an das soziale Gefüge – dämonische Züge an. […]

Günther Mahal

Experiment zwischen Geleisen 1993

existenziell → Seite 158

Zensuren → Seite 158

solistischen hier: einsamen

[…] Thiel, Mittel- und Zielpunkt des experimentierenden Erzählens, wird nicht von einem auswegslosen Schicksal und unentrinnbar tragischer Verstrickung beherrscht, nicht von Anfang an in vereinsamter Ratlosigkeit gezeigt. Seine Nahezu-Sprachlosigkeit hat mit seiner existenziellen Doppelgleisigkeit zwischen Minna und Lene nichts zu tun; sie ist vielmehr eine durch Zensuren nicht erreichbare Eigenart und für den solistischen Berufsstand fernab aller Kommunikation geradezu die Voraussetzung. Thiels Fall setzt erst mit dem Tod des kleinen Tobias ein, der sein bisheriges Schienen-Dasein jäh beendet und ihn nicht mehr vom Kopf her handeln lässt; vorher aber ist bei allem Verqueren seiner zwiefach unbefriedigend biografischen Situation sein Leben zwar misslich, aber nicht fatal. Einen »Weg in den Irrsinn« von der zweiten Heirat an oder von der bemerkten Misshandlung des kleinen Tobias an zu datieren, bedeutet rückwärts schauende Prophetie und mindert Hauptmanns experimentierende Erzählkunst herab. Die linsenvariable Sichtweise [...] bedien[t] sich der Bilder der Geleise oder der Strecke keineswegs als einer von Beginn an gegebenen Fahrt ins Unheil; ganz im Gegenteil: das Bild der zwei parallel laufenden Schienen hat bis zum »Falken« des Unglücks die Valeurs des Stützens, Leitens, Bergens und selbst des Beheimatens. [...]

Falken
vgl. Heyse S. 84 ff.
Valeurs
Wert

Thiel zwischen den Geleisen, DEFA-Verfilmung, 1982

M

Microsoft® Encarta® Enzyklopädie

Schizophrenie 2000

Bezeichnung für eine Gruppe von psychischen Störungen, die durch eine Reihe unterschiedlicher Symptome gekennzeichnet ist. Wörtlich bedeutet der aus dem Griechischen abgeleitete Begriff gespaltene Seele. Entgegen verbreiteter Annahme bedeutet Schizophrenie jedoch nicht, dass der Patient als gespaltene Persönlichkeit wie zwei verschiedene Personen handelt. Erst im 20. Jahrhundert wurde Schizophrenie von anderen Psychosen unterschieden. Nach 1997 veröffentlichten Daten leiden in Deutschland rund 60 000 Menschen an Schizophrenie. [...]

Die Symptome der Schizophrenie, von denen nicht unbedingt alle bei einem Patienten auftreten, äußern sich im Denken, in Wahrnehmung, Gefühlen, Motorik und zwischenmenschlichen Beziehungen. Denkstörungen werden möglicherweise als Unfähigkeit, logische Verbindungen zu knüpfen, oder durch die Entwicklung von Wahnvorstellungen beobachtet. Halluzinationen, besonders akustischer Art, sind die am häufigsten auftretenden Wahrnehmungsstörungen. Beispielsweise hört der Patient, wie seine Gedanken laut ausgesprochen werden, oder er hört Stimmen, die Befehle erteilen oder Kommentare abgeben. Die gefühlsmäßigen Reaktionen auf bestimmte Situationen erscheinen entweder abgestumpft oder unangemessen. Motorische Störungen können sich als Katatonie äußern (ein seltenes Krankheitsbild, bei dem der Patient in äußerer Bewegungslosigkeit verharrt) oder häufiger als offenbar unbeabsichtigte, erregte Bewegungen, die ein Wiederholungsmuster aufweisen. Die Beziehungen zu anderen Menschen sind in der Regel gestört, häufig weil der Patient dazu neigt, sich zurückzuziehen. [...]

Motorik
→ Seite 158

Thiel, DEFA-Verfilmung, 1982

Sina Teigelkötter

Tödliche Liebe. Wenn Väter aus Verzweiflung Amok laufen

6.6.2005

Das Grauen beginnt harmlos. Und es ist schwer zu erkunden. Obwohl es kostenlose Beratungsstellen mit Paar- und Familientherapeuten gibt und eine psychologische Behandlung nicht mehr tabuisiert ist, töten Väter ihre Familie. Eine Verzweiflungstat, auf die wir ratlos reagieren. Galten sie nicht alle als gute Familienväter, diese Männer?

tabuisiert → Seite 158

Zum Beispiel in Alsdorf bei Aachen Mitte April: Der ein-ein-halbjährige Niclas und seine fünfjährige Schwester Vivian sind tot. Sie wurden von ihrem Vater erstickt. Der 34-jährige Kraftfahrer stellt sich kurz nach der Tat der Polizei. Den Beamten erklärt er, er habe etwas Furchtbares getan. Er habe seine Kinder umgebracht. Notärzte versuchen noch, eines der Kinder zu retten – vergeblich. Als die Mutter der Kinder am Tatort eintrifft, bricht sie weinend zusammen. Von ihrem Mann lebte sie getrennt.

Auch in Rheinfelden in Baden-Württemberg löscht am 30. April 2005 ein 41-jähriger Mann seine gesamte Familie aus. Zuerst schießt er seinen zwei Kindern, dem vierjährigen Leif und der siebenjährigen Céline, mit einem Trommelrevolver, Kaliber 22, aus kurzer Distanz und durch ein Kissen in den Kopf. Danach erschießt er seine von ihm getrennt lebende Frau und seine Eltern. Mit der letzten Kugel tötet er sich selbst. »Kümmert Euch um den Hasen meiner Frau«, steht in seinem Abschiedsbrief. Und als PS: »Seltsamerweise bin ich immer noch im Besitz meiner geistigen Kräfte.«

Amok oder erweiterter Suizid?

Am 19. April 2005 beginnt im Landgericht Mülhausen der Prozess gegen einen Familienvater aus Heiligenstadt in Südthüringen. Anfang Mai 2004 hatte er seiner Frau eine SMS geschickt: »Hannes tot! Hole Lisa!« Auf eine Antwort wartet er nicht. Stattdessen geht er zum Kinderbett und tötet nach seinem einjährigen Sohn auch seine fünfjährige Tochter. Nur sein drittes Kind lässt er am Leben. Er selbst nimmt eine hohe Dosis Schlaftabletten, überlebt jedoch.

Angesichts solcher Taten liegt der Gedanke an Amokszenarien in Amerika nahe. Amok ist laut WHO »eine willkürliche, anscheinend nicht provozierte Episode mörderischen oder erheblich zerstörerischen Verhaltens«. In den USA sind sie schon länger ein gesellschaftlich problematisiertes und auch wissenschaftlich untersuchtes Phänomen. Und bei uns? Sind Väter, die ihre Kinder und Familien umbringen, Amok-Väter?

Die Psychiatrie unterscheidet zwischen Amok und »erweitertem Suizid«: Der Vater, der seine gesamte Familie tötet, differenziert nicht mehr zwischen der eigenen Person und seinen Angehörigen. Plötzlich kehrt er innere Konflikte wie Trennungsängste oder Stress nach außen. Was bedeutet das für unsere Gefühlskultur? Gehen wir heute anders mit familiären Konflikten um? […]

Arbeitsanregungen

M

1. Eduard Bernstein kritisierte 1892 die Darstellung des Kranken, Psychopathischen in Hauptmanns Dichtung.
   a) Überprüfe seine Argumentation kritisch und verfasse eine Stellungnahme zu der Frage, ob derartige Themen – aus heutiger Perspektive – Gegenstände von literarischen Werken sein sollten.
   b) Bernstein weist auch darauf hin, dass Hauptmann »immer wieder« Fälle von Wahnsinn und Krankheit geschildert habe. Informiere dich, in welchen anderen Werken Hauptmanns diese Thematik eine Rolle spielt und bereite eine Präsentation über einen besonders interessanten Text vor.

2. Arbeite aus den Ausschnitten der Interpretationen von Rüdiger Bernhardt und Günther Mahal die jeweils angegebenen Gründe für Thiels Wahnsinn heraus und formuliere in Auseinandersetzung mit diesen Positionen deine eigene Einschätzung schriftlich. Richte dabei ein besonderes Augenmerk auf die Frage, wie abhängig (= determiniert) Thiels Entwicklung von äußeren Einflüssen ist.

3. Informiere dich anhand des Artikelausschnitts S. 118 über das Krankheitsbild der Schizophrenie. Treffen die Symptome deiner Meinung nach auf Thiel zu? Weite deine Recherchen auf andere psychische Erkrankungen aus und diskutiere deine »Diagnose« mit anderen.

4. Lies den Text von Teigelkötter (S. 119 ff.) aufmerksam durch und diskutiere mit deinem Nachbarn, ob es sich bei Thiel um einen »Amok-Vater«, einen sog. »erweiterten Suizid« oder um einen ganz anderen Fall von Totschlag handelt.

M

Bahnwärter Thiel: Kleinbürger, allgemeinmenschliches Schicksal oder modernes Individuum?

Irene Heerdegen

Gerhart Hauptmann, Novelle »Bahnwärter Thiel« 1958

[…] Hauptmann behandelt hier ein Problem, das während der Epoche bürgerlichen Verfalls und zunehmender gesellschaftlicher Widersprüche in der Literatur in wachsendem Maße an Bedeutung gewinnt: Es ist die Frage nach einem Ausweg. Der echte Ausweg ist aber nur dem Proletariat vorbehalten. Das Streben anderer, in ihrer Existenz bedrohten Bevölkerungsschichten gewinnt jedoch ebenfalls für eine künstlerische Gestaltung Interesse, wenn der Irrweg mit allen Konsequenzen erfasst wird oder bestimmte Vorstufen eines erfolgreichen Widerstandes skizziert werden.

Proletariat besitzlose Arbeiterklasse

Unter diesem Aspekt müssen die behandelten Probleme in dieser Novelle gesehen werden. Hauptmann studiert am Schicksal des Bahnwärters, welche Wege einem Menschen mit den Voraussetzungen dieses bedrängten Plebejers offen stehen, um seiner verzweifelten Lage, die letzten Endes auf eine soziale Problematik zurückweist, zu entgehen. […]

Plebejer → Seite 158

War bisher in der deutschen Epik eine der Novelle verwandte Konfliktstruktur wesentlich dem Helden mit intellektueller Physiognomie vorbehalten, so gestaltet Hauptmann in seinem Werk die seelische Krise eines Plebejers. Er nimmt das Seelenleben des Mannes aus den unteren Volksschichten ernst und vertieft sich in dessen Vorstellungswelt mit einem Einfühlungsvermögen, das lebhafte Anteilnahme am Geschick dieser Schichten verrät. […] Er gibt dem verzweifelten Kampf dieses Mannes um ein menschenwürdiges Dasein überzeugend Ausdruck und rechtfertigt damit den Anspruch

Physiognomie → Seite 158

seiner Schicht auf Lebensbedingungen, die wahre Befriedigung gewähren und eine Entwicklung seelischer und geistiger Kräfte ermöglichen. […]

Fritz Martini

Bahnwärter Thiel 1954

[…] Hauptmann […] baute eine Fabel auf, in der es ihm um Grunderfahrungen des Daseins in dieser Welt überhaupt ging. […] In Hauptmanns »Bahnwärter Thiel« ist […] der Mensch gänzlich einsam geworden; das Schwere, Dumpfe, nur Halbbewusste, die Sprachlosigkeit dieses Mannes sind die Zeichen einer ausweglosen äußeren und inneren Verlassenheit. Er lebt nicht nur durch Beruf und Armut in einer von der Welt isolierten, sondern auch innerlich in einer hilflos vereinsamten Existenz. […]

So eng und dumpf die kleine einfache Existenz dieses Bahnwärters erscheint, sie hat dennoch eine innere Totalität empfangen, denn in ihrem inneren Widerspruch spiegelt sich die ganze Welt in ihren Widersprüchen. In seinem inneren Kampf und Schicksal zwischen dem Spirituellen und dem Triebhaft-Vitalen, zwischen Sehnsucht und Gefangenschaft, ist der dauernde Grundkonflikt des Hauptmannschen Menschen vorgeformt und begegnen sich alle Antinomien der in dieser Erzählung dargestellten Welt. Er ist nichts als dieser arme Bahnwärter, und er bedeutet dennoch mit innerer Weite die Schicksalsfigur des Menschen überhaupt. Derart erhält seine Gestalt die innere Lebensfülle, die stellvertretend menschliche Existenz repräsentiert; in ihm spielt sich, ihm unbewusst, das Urdrama des Daseins ab. […]

Totalität Gesamtheit, Ganzheit

Spirituellen geistigen, geistlichen
Vitale das Lebenskräftige, Lebensvolle
Antinomien Gegensätze, Widersprüche

Urdrama → Seite 159

M

Helmut Scheuer

Gerhart Hauptmann: Bahnwärter Thiel ______ 1997

[...] Thiel steht durchaus symbolhaft für viele Individuen mit seinem Leiden und seiner tragischen Verzweiflung, seinem kreatürlichen Verhältnis zur Natur und seiner Angst vor der Technik, mit seiner mystischen Versponnenheit und seiner ungezügelten Triebhaftigkeit, aber vor allem steht er als Symbolfigur für das »moderne« Individuum. [...]

Martinis Phänomenbeschreibung → Seite 159
»als Opfer am Rande des Daseins [...]« → Seite 159

So richtig Martinis Phänomenbeschreibung ist, so wenig leuchtet es ein, warum Thiel »als Opfer am Rande des Daseins, als ein hilfloser Proletarier des Schicksals« [Fußnote: Martini, S. 62] aus seiner Zeit herausgehoben und dem Autor unterstellt werden muss, es sei ihm einzig »um Grunderfahrungen des Daseins in dieser Welt überhaupt« [Fußnote: Martini, S. 61] gegangen. Es ist aufschlussreich, dass selbst Martini vom »Proletarier« spricht. Da hätte es doch nahegelegen, neben die existentialistische Deutung auch eine sozialhistorische zu stellen. Denn Thiels Leiden soll ohne Zweifel auch aus der Zeitsituation um 1890 verstanden werden. [...] So ist der Bahnwärter Thiel tatsächlich eine Symbolfigur, aber nicht – oder auch: nicht nur – im Sinne einer überhistorischen, ewigmenschlichen Figur, sondern er steht stellvertretend für die vielen Einzelnen in der »modernen« Welt, die lernen müssen, dass die alten sozialen Bindungen sich aufzulösen beginnen, dass Einsamkeit und Entfremdungserfahrungen Begleiterscheinungen dieses Modernisierungsprozesses sind. [...]

Arbeitsanregungen

1. Arbeite aus den drei Deutungsansätzen von Heerdegen, Martini und Scheuer die zentralen Thesen heraus und begründe schriftlich, welchem Ansatz du am ehesten zustimmst. Grenze dich dabei argumentativ von den Ansätzen ab, die du nicht so zutreffend findest.

2. Untersuche, wie Scheuer sich mit Thesen Martinis auseinandersetzt. Beachte dabei vor allem Scheuers Umgang mit Zitaten und versuche, deine eigene Argumentation aus Aufgabe 1 nach dem Vorbild Scheuers zu überarbeiten.

3. Martini sieht Thiel »als Opfer am Rande des Daseins«. Doch Thiel wird auch zum Mörder an Lene und ihrem Kind. Inszeniert in der Klasse einen Prozess um Thiels Schuldfähigkeit. Verteilt dazu folgende Rollen: Thiel, Staatsanwalt, Richter, Verteidiger, Zeugen (Männer, die den Mord an Lene entdecken; Nachbar(inne)n; der Wärter, der Thiel schließlich auf den Gleisen findet, der Gendarm, der Thiel ins Untersuchungsgefängnis bringt etc.), ein sachverständiger Psychologe, der ein Gutachten über Thiels Schuldfähigkeit vorlegt.

Wirkung und mediale Gestaltung

Michael Georg Conrad

Von Emile Zola bis Gerhart Hauptmann — 1902

Im Frühling 1887 [sic!] erhielt ich Gerhart Hauptmanns erstes Novellen Manuskript aus Zürich zugeschickt. Es war der »Bahnwärter Thiele« [sic!], eine blutige Familiengeschichte aus der märkischen Kiefernheide. Manuskript wie Begleitbrief waren von der Hand des Dichters sehr sorglich in lateinischer Schrift auf große Folioseiten geschrieben. Jedes Blatt mit dem Trockenstempel »Gerhart Hauptmann« abgestempelt. Wie das Äußere, so war der Inhalt: von vollendeter künstlerischer Ruhe, Sicherheit und Sorgfalt. Aus dem Leserkreise erhielt ich bald begeisterte Zuschriften: Man habe seit Zola keine bessere Novelle in Deutschland gelesen. Die Technik des Vortrages sei verblüffend. Voll herzlicher Freude teilte ich Hauptmann die Wirkung seiner ersten Novelle mit.

in lateinischer Schrift **→ Seite 159**

Trockenstempel **Stempel durch mechanische Prägung**

Vortrag **hier: Darstellung**

Dietrich zur Nedden

Bahnwärter Thiel als Hörbuch — 2006

2004 wurde Hauptmanns novellistische Studie als Hörbuch auf den Markt gebracht. Dies ist seit der Hörkassette von 1980 bei Steinbach Sprechende Bücher (ISBN 3886980367) die erste Audioversion des »Bahnwärter Thiel«.

Nach wie vor zählt Gerhart Hauptmann zu den meist gespielten Dramatikern, eine Inszenierung der »Weber« in Dresden sorgte kürzlich für Aufregung und Proteste. Aus Hauptmanns Prosa allerdings scheint Weniges allgemein bekannt geblieben zu sein. Die frühe Novelle »Bahnwärter Thiel« ist es zweifellos, vor allem als Stoff für den Deutschunterricht. Mario Adorfs Lesung »dieses Kleinods der deutschen Literatur«, wie er selbst formuliert, ist Auftakt einer Gerhart-Hauptmann-Hörbuchreihe des neu gegründeten Labels »Wortstark«, das von Deutschlands ältestem Bühnenverlag Felix Bloch Erben ins Leben gerufen wurde. [...]

Mario Adorf – der Star wird auch auf dem Titel zuerst genannt – dringt tief ein in diese Geschichte eines mystisch-religiösen, nachgiebigen Mannes, der unmittelbar nach dem Unfalltod seines Sohnes aus erster Ehe unentrinnbar einer Fortsetzung der Katastrophe entgegentaumelt, dem, anders und salopp formuliert, sämtliche Sicherungen durchbrennen. Er bringt seine hartherzige zweite Frau um, das Musterexemplar einer Stiefmutter wie man sie sonst aus Märchen kennt, und den gemeinsamen Sohn. Adorfs Interpretation dieser Mitleid und Schrecken evozierenden Tragödie, die heutzutage als Aufmacher der Boulevardzeitungen taugte, wird phasenweise begleitet von schwebenden Saxofon- und Orgelklängen: stimmig und wirkungsvoll.

Mehr als nur eine Zugabe ist der zweite Bestandteil der Doppel-CD. Anja Hauptmann, eine Enkelin des Autors, liest dessen »Abgekürzte Chronik meines Lebens«, einen relativ unbekannten, aufschlussreichen Text des Nobelpreisträgers, erzählt in der dritten Person. Statt der etwas selbstgefälligen Kurzautobiografie Anja Hauptmanns im aufwändigen Beiheft hätte man gern Näheres zur Chronik des Großvaters erfahren, das Entstehungsjahr beispielsweise. Aber das sei nur ein marginaler Einwand gegen diese Edition.

Enjott Schneider hat zu Hauptmanns novellistischer Studie eine Oper komponiert. Dazu musste als Grundlage für den Gesang der Text in ein so genanntes »Libretto« umgearbeitet werden.

Enjott Schneider

Bahnwärter Thiel als Oper in acht Bildern ___ 2003

Komponist: Enjott Schneider
Librettist: Julia Cloot – Enjott Schneider
Uraufführung: 28. Februar 2004 Görlitz Theater
Personenbesetzung:
Thiel: hoher Bariton – Lene: dramatischer Sopran – Minna: lyrischer Sopran – Tobias Kind: (Sprech- und Volksliedstimme) – Pfarrer: Bass – Dorfleute, Gendarmerie, Anstaltwärter, Frau 1: Alt – Frau 2: Mezzosopran – Mann 1: Tenor – Mann 2: Bariton – Chor: (mindestens 20 Personen)
Aufführungsdauer: 128' 0"

2. Bild/Szene 4:
Der Alltag der Familie Thiel und der Dorfklatsch (Tutti)

Es werden Szenen aus dem Leben der Thiels in kurzen Spots (dazwischen: black) gezeigt, die vom Chor (Dorfklatsch) mehr oder wenig bissig und spöttisch kommentiert werden. Die Dorfleute sind – als Zwangsgemeinschaft, aus der es kein Entrinnen geben darf – durchweg kollektiv mit rituell-mechanischen Tätigkeiten beschäftigt: heugabelnd, dreschend, harkend. In Rondoform wird die Gleichförmigkeit des Dorfalltags dargestellt. Thiel und Tobias erscheinen in diesem Gleichmaß als individuelle Außenseiter. Ende – und spürbare Kulmination – ist das Auftreten eines neuen Kindes, – die gemeinsame Frucht von Thiel und Lene.

Dorfklatsch

Chor
Ist sie gut?
Sie ist kräftig!
Sorgt sie für ihn?
Sie kann wirtschaften!

Lene
(*bei der Hausarbeit, sie schrubbt die Dielen. Dabei kommt ihre dralle Körperlichkeit gut zur Geltung. Singt ein deftiges Volkslied.*)
»Ging ein Weiblein Nüsse schütteln,
Nüsse schütteln, Nüsse schütteln;
alle Kinder halfen rütteln,
halfen rütteln, rums!«

Chor
Eine Kuhmagd.
Die kann doch keinen Haushalt führen!
Ein Tier.
Die gehört einmal kirre gemacht.

Lene
»Ging ein Weiblein Himbeer'n pflücken,
Himbeer'n pflücken, Himbeer'n pflücken.
riss dabei den Rock in Stücken,
Rock in Stücken, rums!«
(*wird auf Tobias, der mit Klötzchen spielt, aufmerksam*)
Du dreckiger Bengel, wirst du mir wohl aus dem Weg gehen, – sonst …

Chor
Wie sie anders ist als die andere!
Wie sie immer zankt und redet!

Lene und Thiel
(pantomimische Streitszene, gelegentlich sind Wortfetzen zu hören)

Frau 1
Wie ein Tier sieht er sie an.

Chor
Wie ein Tier, wie ein Tier!

Frau 2
Wie ein gutes Schaf benimmt er sich.

Chor
Gutes Schaf, gutes Schaf!

Thiel
(*mit Tobias vor dem Haus sitzend, schnitzt ihm Fitschepfeile, eine Weidenpfeife*)

Chor
Ist sie gut?
Sie ist kräftig!
Sorgt sie für ihn?
Sie kann wirtschaften!

Lene
(*dreht jetzt deftig mit entblößten Armen rotfärbende Rüben durch den Fleischwolf*)

Thiel und Lene

Frau 1
Dass er die geheiratet hat?
Chor
Was hätt' er machen sollen,
mit seinem armen Balg?
Frau 2
Ich sag' euch, die erste passte
besser zu ihm!
Chor
Was soll es, die ist jetzt unter der
Erde.

Thiel
(*zu Lene hinzutretend*)
Lene, sei wieder gut.
Lene, sei wieder gut.
Was soll es, die ist jetzt unter der Erde.
(*Er sortiert jetzt auf der Nussbaumkommode mit einer seit Jahren geregelten Reihenfolge seine Utensilien: Messer, Notizbuch, Kamm, Pferdezahn, eine Taschenuhr und verstaut dies in den Taschen seiner Kleider. Dann nimmt er sein Allerheiligstes und liest laut:*)
»Das Sparkassenbuch des Tobias
Thiel.«

Chor
Schaut, jetzt ist die Neue selber
Mutter geworden. Wenn das nur
gut geht.

Frau 1
Ihr Kleiner soll ein bisschen
blöde sein.
Frau 2
Er ist halt nach der Mutter
geraten.

Chor
Ist sie gut?
Sie ist kräftig!
Sorgt sie für ihn?
Sie kann wirtschaften!

Thiel, Lene, Tobias und **Kind**
formieren sich zu einer Familienposition, die ausdrucksstark etwas über die angespannte Struktur dieser Viererbeziehung aussagt.

Tableau symphonique Nr. 3
(»Weg durch den märkischen Wald«)

Während dieser sinfonischen Landschaftsbeschreibung (die Projektion zeigt – in Hauptmanns Metaphorik – Nadelmassen tiefaufrauschenden Kiefernforstes, rostbraune Säulen des Hochwalds, dichtverschlungenes Jungholz) geht Thiel zu seinem einsamen Arbeitsplatz, – dem Bahnwärterhäuschen am Schienenstrang mitten durch den Wald. Weite der Natur. Nach und nach werden in der Projektion auch Schienen und das unheimliche Spinnennetz der Telegrafenleitungen entlang der Schienen dominant, akustisch über Sounddesign-Zuspielung in die Schlusstakte der Musik vermittelt.

3. Bild/Szene 1: Thiel im Bahnwärterhaus. Seine Welt. (Thiel)

Thiel (*während er seine Utensilien aus den Taschen auspackt und wieder mit ritueller Genauigkeit auf einen Tisch hinlegt*)
Wie ich diesen Ort hier liebe. Mein Haus. Meine Welt.
Mein Messer. Und mein Kamm. Meine Uhr.
Und ... »das Sparkassenbuch des Tobias Thiel«.
(*Thiel ordnet auch die Gerätschaften im Bahnwärterhaus, Spaten, Zangen, Schraubschlüssel, putzt die Laterne, kocht sich heißes Wasser für seinen Kaffee. Dann meldet sich die Glocke mit drei schrillen Schlägen.*)
Der Zug aus Breslau.
(*Während er die Patronentasche umhängt, die schwarzweiße Schranke schließt, seine grüne Fahne vorbereitet*)
Wie ich diese Farben liebe. Das Licht zwischen den Kiefern.
Ströme von Purpur, die vom Himmel fallen.
Jetzt glühen auch die Geleise. Wie feurige Schlangen.
Wie ich diesen Ort hier liebe.

(*Während im Sounddesign das Annähern, Vorbeibrausen und langsame Verschwinden des Zuges erlebbar wird*)
Aber dieser dunkle Punkt da hinten.
Dort, wo die Geleise sich treffen.
(*wie von Angst ergriffen*)
Er wächst, und wächst, und wächst ...
und bleibt doch auf der Stelle.
Jeden Tag rast es heran, das schwarze Ungeheuer.
Da, – zwei rote runde Lichter.
Augen wie glühende Kohlen.
Sie kommen, sie kommen.
Das Reitergeschwader. Es braust heran.
Ich höre Hufschläge. Das Schlagen wilder Hufe.
(*Die Szene wird irreal, Sounddesign und Orchester kulminieren. Thiel wacht – als hätte sich ein Zeitsprung ereignet – wieder in seinem Bahnwärterhäuschen auf*).
Minna! Minna!
(*Er richtet sich Kerzen, Bibel, Gesangbuch um seinen Raum für eine Begegnung mit der Welt der Toten vorzubereiten.*)

3. Bild/Szene 2: Lene misshandelt Tobias (Lene, Tobias)

Tobias (*mit Steckenschlagen sein Kinderlied rhythmisch begleitend*)
Maikäfer flieg',
der Vater ist im Krieg,
die Mutter ist in Pommerland,
Pommerland ist ...

Lene misshandelt Tobias

Lene (*am Fleischwolf mit entblößtem Oberarm schmatzend Kohl drehend*)
Du erbärmlicher, du niederträchtiger, hinterlistiger Bengel,
hämischer, feiger, gemeiner Lümmel!
Pfui, pfui, pfui! (*Sie speit dreimal voller Verachtung.*)
Meinen Buben willst du schlagen,
was, du elende Göre unterstehst dich,
das arme Kind aufs Maul zu schlagen?
wie? – he, wie?
Ich will mich nur nicht dreckig machen an dir, sonst …
(*Sie schlägt Tobias, bindet ihn am Tischbein fest. Die Passion des kleinen Tobias nimmt ihren Lauf. Die Musik leitet nach dem Umschlagen ins Düstere in die nächste Szene über.*)

M

3. Bild/Szene 3: Thiels misteriöse Andachten (Thiel, Minna, Lene, Chor)

Thiel lässt – während draußen Sturm und Schnee toben – sein Wärterhäuschen zur Kapelle werden: Mit Gesangbuch und Bibel beschwört er die Tote, um sich aus der physischen Falle des Fleisches zu befreien. Als erstes erscheint Minna – choralsingend – auf der Oberbühne.

Thiel

Und der Engel sprach: »Sie ist gefallen, Babylon, die große Stadt. Denn sie hat mit dem Wein ihrer Hurerei getränkt alle Heiden.«
Minna, Minna!
Und der dritte Engel sprach: »So jemand das Tier anbetet und sein Bild … der wird vom Wein des Zornes Gottes trinken, und wird gequält werden mit Feuer und Schwefel vor den heiligen Engeln und vor dem Lamm.«
(*Offenbarung des Johannes Kap. 14*)
Minna, Minna!

Chor
(im Hintergrund von Thiel und Minna, erst flächig grundierend, nach und nach jedoch rhythmisch skandierend)
Memento Mori! Memento Mori!
Welt! musst vergehn, Tod wird dich mähn.
Rafft mit gleichem Rechte, Herrn und Knechte.
(aus dem Kreis Gleiwitz; in Oberschlesien früher vielfach am Ende einer Tanzmusik geblasen oder gesungen)

Minna
(ein blutiges Bündel, etwas Schlaffes, Bleiches auf ihrem Arm)
»Du hast mich ja erlöset von Sünd,
Tod, Teufel Höll;
es hat dein Blut gekostet,
drauf ich mein Hoffnung stell.
Warum sollt mir den grauen
vor Hölle, Tod und Sünd?
Weil ich auf dich tu bauen,
bin ich sein seligs Kind.«
(Text: Christoph Knoll 1611, Melodie: Hans Leo Hassler 1601, Geistlich Görlitz 1613)

Thiel
Minna, Minna!
So jemand das Tier anbetet …
der wird von dem Wein des Zornes Gottes trinken …
und er wird gequält werden …
gequält mit Feuer und Schwefel … vor den heiligen Engeln …

Minna, Minna!

Chor
»Memento Mori! Memento Mori!
Welt! bist so schön, musst doch vergehn!
Tod hat kein Erbarmen mit uns Armen.«
(*aus dem Kreis Gleiwitz Oberschlesien*)

Lene
(*erscheint in praller Fleischlichkeit auf der Vorderbühne, Tobias misshandelnd*)
Thiel, Thiel!
Ich will mich nicht dreckig machen an ihm …
Thiel, Thiel!

Die schizoid-surreale Andachtssituation steigert sich. Das Bahnwärterhäuschen wird zur wahnhaften Fluchtburg von Thiels konfliktgeladener Existenz. Alles kulminiert in brausenden Zuggeräuschen, abgeschlossen von Blitz und Donner.

Tableau symphonique Nr. 4 (»Unwirkliche Beruhigung der Natur«)
Nach dem Höhepunkt des Donnerschlags verebbt das Gewitter. Hauptmann: »Ein bläulicher, mit allerhand Düften geschwängerter Dunst stieg aus der Erde […] Ein schwerer milchiger Himmel hing tief herab über die Baumwipfel […] Schwarze Wasserlachen füllten die Vertiefungen des Weges und spiegelten die trübe Natur noch trüber wieder«.

8. Bild/Szene 3: Thiel in der Irrenanstalt (Thiel, 2 Wärter, Chor)
Endzeitstimmung. In neonheller weißer Zelle.

Thiel (*sehr geschäftig, hektisch*)
Thiel muss zum Dienst.
Die Glocke läutet,
… der Schnellzug aus Breslau …
(*noch verhetzter*)

Thiel muss Ordnung halten …
Notizbuch, Taschenmesser, Kamm,
die Pudelmütze …
(*aufgeregt, hektisch*)
… Pudelmütze, wo ist die Pudelmütze?
(*findet ein dünnes Buch*)
Ah! – »Das Sparkassenbuch des Tobias Thiel«.

(*Es fängt in der weißen Zelle unrealistisch an, lautlos zu schneien.*)

Chor (*im Hintergrund*)
»'s ist so ein stiller, heil'ger Tag,
man hört der Zeiten Flügelschlag.

Der erste Schnee, mit leiser Hand,
deckt Anger zu und Heideland;

er hüllt in lichten Totenschrein
des Herbstes düstre Trümmer ein.

Wär' für der Seele Trümmerfeld
doch auch ein solcher Schrein bestellt!«
(*Gedicht von Gerhart Hauptmann*)

Verfilmungen des »Bahnwärter Thiel«

Zweimal wurde »Bahnwärter Thiel« bislang verfilmt:

Eine Westdeutsche ZDF-Verfilmung gab es 1968 unter der Regie Werner Völgers mit einem Drehbuch von Hajo Schedlich und Bernhard Völger in der Hauptrolle (Laufzeit: 55 Minuten).

Thiel mit Tobias am See

Thiel mit Lene und Tobias

Tobias auf Bahnschienen

In der DDR wurde 1982 »Bahnwärter Thiel. Eine Filmerzählung« bei der DEFA unter der Regie von Hans-Joachim Kasprzik gedreht. Das Drehbuch schrieben Kasprzik und Klaus Jörn. Bahnwärter Thiel wurde von Martin Trettau gespielt (Laufzeit: 72 Minuten).

Thiel mit Minna

Thiel mit Tobias

Lene mit Kind

M

Thiel an seiner Bahnschranke

Arbeitsanregungen

M

1. Beschreibe deine Lektüreeindrücke von »Bahnwärter Thiel« und vergleiche sie mit der Wirkung auf die Zeitgenossen, wie sie Georg Michael Conrad schildert.

2. a) Hört euch in der Hörbuchfassung von 2004 die Stelle über Thiels nächtliche Visionen an der Bahnschranke an und analysiert Mario Adorfs Lesestil ebenso wie verwendete Geräusche und die musikalische Gestaltung.
b) Informiert euch über den Unterschied zwischen einem Hörbuch und einem Hörspiel und zeichnet für diese Stelle eine Hörspielsequenz auf.

3. a) Erörtere, welche Funktion dem Chor im 2. Bild/Szene 4 der Librettofassung zu Schneiders Thiel-Oper zukommt, und vergleiche die vom Chor gesungenen Aussagen mit entsprechenden Textstellen aus »Bahnwärter Thiel«.
b) Finde heraus, an welchen Stellen das Libretto mit fremden Texten arbeitet. Untersuche, woher diese Textpassagen stammen und diskutiere mit deinem Nachbarn/der Gruppe, ob diese Ergänzungen gut gewählt sind.
c) Stellt in einer Kleingruppe die im Libretto am Ende der 4. Szene des 2. Bildes (S. 132 unten) erwähnte Familienposition gemäß der Bühnenanweisung nach und vergleicht eure Lösungen.

4. a) Vergleiche die Bilder der Hauptdarsteller der beiden Verfilmungen von »Bahnwärter Thiel« mit denen der Oper. Welche entsprechen eher deinen Vorstellungen?
b) Eine Neuverfilmung von »Bahnwärter Thiel« ist längst überfällig. Sammelt in der Gruppe Ideen für einen zeitgemäßen Thiel-Film.

M

Textquellen

Bernhardt, Rüdiger: Hauptmanns Erzählungen. In: Geschichte der deutschen Literatur im 19. Jahrhundert. Vom Vormärz zum Naturalismus. Von einem Autorenkollektiv. Leitung und Gesamtbearbeitung Kurt Böttcher. Hrsg. v. Hans-Günther Thalheim u.a. Volk und Wissen Verlag, Berlin 1987, S. 639 f.

Bernstein, Eduard: Zwei Novellen von Gerhart Hauptmann. In: Die Neue Zeit. Wochenschrift der deutschen Sozialdemokratie. Stuttgart, 11. Jg., Bd.1, Nr. 4, 1892, S. 112.

Bölsche, Wilhelm: Die naturwissenschaftlichen Grundlagen der Poesie. Prolegomena einer realistischen Ästhetik. In: Theo Meyer (Hrsg.), Theorie des Naturalismus. Stuttgart 1984, S. 128–137, hier: S. 130 f.

Büchner, Georg: Werke und Briefe. München [3]1992, S. 144 f.

Conrad, Michael Georg (Hrsg.), Von Emile Zola bis Gerhart Hauptmann. Erinnerungen zur Geschichte der Moderne. Leipzig 1902, S. 78.

Fontane, Theodor: Die Brück' am Tay. In: T. F., Sämtliche Werke. Bd. 20. München 1962, S. 165–167.

Fullard, Katja: Mildernde Umstände für Thiel? Die Schuldfrage in Hauptmanns Novelle. In: Literatur für Leser 23 (2000), H. 3, S. 134–138.

Goethe, Johann Wolfgang: Gespräch mit Eckermann vom 29. Januar 1827. Aus: Johann Peter Eckermann, Gespräche mit Goethe in den letzten Jahren seines Lebens. Hrsg. v. Heinrich Hubert Houben. Wiesbaden 1949, S. 178.

Hauptmann, Gerhart: Abendstimmung. In: Gerhart Hauptmann, Das Bunte Buch. In: Gerhart Hauptmann. Sämtliche Werke. Hrsg. v. Hans-Egon Hass (= Centenar-Ausgabe). Bd. IV: Lyrik und Versepik. Frankfurt/Berlin 1964, 37.

Hauptmann, Gerhart: Das Abenteuer meiner Jugend. In: Gerhart Hauptmann, Sämtliche Werke. Hrsg. v. Hans-Egon Hass (= Centenar-Ausgabe). Bd. VII: Autobiographisches. Frankfurt/Berlin 1962, S. 498, 622, 757, 733, 807, 866; 1027 f., 1043 f.; 1047–1055; 1061; 1058.

Hauptmann, Gerhart: Brief an Walter Requardt vom 26.02.1937. Zit. bei Requardt, Walter/Machatzke, Martin. Gerhart Hauptmann und Erkner. Studien zum Berliner Frühwerk. Berlin 1980, S. 116.

Hauptmann, Gerhart: Der Wächter. In: Gerhart Hauptmann, Das Bunte Buch. In: Gerhart Hauptmann. Sämtliche Werke. Hrsg. v. Hans-Egon Hass (= Centenar-Ausgabe). Bd. IV: Lyrik und Versepik. Frankfurt/Berlin 1964, 57 f.

Hauptmann, Gerhart: Im Nachtzug. In: Gerhart Hauptmann, Das Bunte Buch. In: Gerhart Hauptmann. Sämtliche Werke. Hrsg. v. Hans-Egon Hass (= Centenar-Ausgabe). Bd. IV: Lyrik und Versepik. Frankfurt/Berlin 1964, 54–56.

Hauptmann, Gerhart: Diarium 1917 bis 1933. Hg. v. Martin Machatzke. F.a.M. / Berlin 1980, S. 226.

Hauptmann, Gerhart: Shakespeare-Visionen. In: Gerhart Hauptmann, Sämtliche Werke. Hrsg. v. Hans-Egon Hass (= Centenar-Ausgabe). Bd. VI: Erzählungen. Theoretische Prosa. Frankfurt / Berlin 1965, S. 932.

Heerdegen, Irene: Gerhart Hauptmanns Novelle Bahnwärter Thiel. In: Weimarer Beiträge 4 (1958), S. 348–360. Hier, S. 359.

Heinimann, Alfred Ch.: Technische Innovation und literarische Aneignung: die Eisenbahn in der deutschen und englischen Literatur des 19. Jahrhunderts. Bern 1992, S. 245 und 248.

Heyse, Paul: Deutscher Novellenschatz. Hrsg. v. Paul Heyse und H. Kurz. 1. Bd. München o.J. (1871), S.XVIII–XX.

Hollaender, Felix: Hauptmann und Sudermann als Novellisten. In: Freie Bühne für den Entwickelungskampf der Zeit 3 (1892), S. 767–769.

Holz, Arno / *Schlaf*, Johannes: Papa Hamlet. Stuttgart 1997, S. 55 f.

Mahal, Günther: Experiment zwischen Geleisen. Gerhart Hauptmann: Bahnwärter Thiel (1888). In : Winfried Freund (Hrsg.): Deutsche Novellen: von der Klassik bis zur Gegenwart. München 1993, S. 210 f. und 218.

Mahal, Günther: Naturalismus. München 1982, S. 175 f.

Mann, Thomas: Gesammelte Werke in dreizehn Banden. Bd. VIII: Erzählungen. Frankfurt a. M. 21974, S. 416–426.

Martini, Fritz: Bahnwärter Thiel. In: F. M., Das Wagnis der Sprache. Interpretationen deutscher Prosa von Nietzsche bis Benn. Stuttgart 1954, S. 56–98, hier: S. 61–65.

Möbius, Hanno: Der Naturalismus. Heidelberg 1982, S. 76 f.

Microsoft® Encarta® Enzyklopädie: „Schizophrenie“

Requardt, Walter/*Machatzke*, Martin. Gerhart Hauptmann und Erkner. Studien zum Berliner Frühwerk. Berlin 1980, S. 115 f.

Scheffel, Joseph Viktor von: Der letzte Postillon. In: J. V. S., Gesammelte Werke in sechs Bänden. Mit einer biographischen Einleitung von Johannes Proelß. 6. Bd. Stuttgart 1907, S. 218 f.

Scheuer, Helmut: Gerhart Hauptmann: Bahnwärter Thiel. Entstehung und Rezeption – Die »Moderne« als ästhetischer Kompromiß. In: Interpretationen. Erzählungen und Novellen des 19. Jahrhunderts. Bd. 2 Stuttgart 1997, S. 371–426, hier S. 386 f.

Scheuer, Helmut: Naturalismus. In: Volker Meid (Hg.): Sachlexikon Literatur. München 2000, S. 632–634.

Schneider, Enjott: Bahnwärter Thiel. Oper in acht Bildern nach der gleichnamigen novellistischen Studie von Gerhart Hauptmann. Libretto von

Julia Cloot und Enjott Schneider. Copyright Schott Music GmbH & Co. KG, Mainz
Sprengel, Peter: Formen der Bildlichkeit: die Eisenbahn als Symbol des Triebhaften. In: P. S., Gerhart Hauptmann. Epoche – Werk – Wirkung. München 1984, S. 193.
Sprengel, Peter: Lene und Minna: das innere Drama des Bahnwärters. In: Sprengel, Peter: Gerhart Hauptmann. Epoche – Werk – Wirkung. München 1984, S. 190 f.
Stadler, Ernst: Fahrt über die Kölner Rheinbrücke bei Nacht. In: E. S., Dichtungen, Schriften, Briefe. Kritische Ausgabe. Hrsg. v. Klaus Hurlebusch und Karl Ludwig Schneider. München 1983, S. 169.
Storm, Theodor: Eine zurückgezogene Vorrede aus dem Jahre 1881. Aus: Th. St.: Sämtliche Werke. Hrsg. v. Albert Köster. Bd. 8. Leipzig 1921, S. 122.
Teigelkötter, Sina: Tödliche Liebe. Wenn Väter aus Verzweiflung Amok laufen (Kulturzeit vom 06.06.2005). Quelle: http://www.3sat.de/3sat.php?http://www.3sat.de/kulturzeit/themen/80051/index.html (aufgerufen am 03.12.2006).
Wiese, Benno von: Gerhart Hauptmann. Bahnwärter Thiel. In: B. v. W., Die deutsche Novelle von Goethe bis Kafka. Düsseldorf: Schwann 1956, S. 271 f.
Zur Nedden, Dietrich: Bahnwärter Thiel als Hörbuch. http://www.ndrkultur.de/ndrkultur_pages_stdep/0,2515,OID679168_REF878,00.html (aufgerufen am 12.06.2006).

Bildquellen

Umschlag: William Turner: Regen, Dampf und Geschwind – Die große Westeisenbahn (1844); The National Gallery. The Bridgeman Art Library, London.
Seite 50: Porträt Hauptmann, 1900. ullstein, Berlin / Abraham Pisarek.
Seite 51: Hauptmanns Geburtshaus in Salzbrunn um 1910. ullstein bild, Berlin.
Seite 52: Jugendbild Hauptmann, 1862. akg-images, Berlin.
Seite 53: Hauptmann und Marie Thinemann (seine spätere erste Ehefrau) 1882. ullstein bild, Berlin.
Seite 54: Hauptmanns 2. Frau, Margarete Marschalk bzw. Margarete Hauptmann um 1900. ullstein bild, Berlin.
Seite 55: Hauptmann mit den Söhnen Ivo, Eckart und Klaus auf Hiddensee. ullstein bild, Berlin.
Seite 57: Hauptmann und Ehefrau Margarete im Gespräch mit Minister Walther Rathenau – 1922 beim Empfang des Reichspräsidenten Friedrich Ebert. ullstein bild, Berlin.
Seite 58: Hauptmann vor Pult, 1931. ullstein bild, Berlin.
Seite 59: Gerhart Hauptmann 1942. akg-images, Berlin.
Seite 61: Das Gebiet südöstlich Berlins um Erkner 1890. Aus: Einfach Deutsch: Gerhart Hauptmann. Bahnwärter Thiel, Schöningh Verlag 2004, S. 67.
Seite 62: Villa in Erkner im Februar 1998. ullstein, Berlin / Ehrenberg.
Seite 65: Eisenbahnbild v. Hans Baluschek, 1935. Joachim Fricke, Goslar.
Seite 69: Käthe Kollwitz, Mutter mit Jungen, 1931. Käthe-Kollwitz-Museum, Berlin.
Seite 73: Protokoll des Vereins „Durch“. Aus: Schwerpunkt Deutsch Arbeitsheft, Gerhart Hauptmann: Bahnwärter Thiel, Diesterweg Verlag 1987, S. 35.
Seite 74 li.: Henrik Ibsen o. J. ullstein, Berlin / Granger Collection.
Seite 74 re.: August Strindberg, 1881. akg-images, Berlin.
Seite 80: Büchner im „Felsenmeer“. Zeichnung von Alexis Muston, 1833 (Ausschnitt). Aus: Georg Büchner. Leben. Werk. Zeit. Ausstellungskatalog Marburg 1987, S. 2.
Seite 93: Arno Holz und Johannes Schlaf. Aus: Otto Julius Bierbaum (Hg.): Moderner Musen-Almanach auf das Jahr 1893. Ein Sammelbuch deutscher Kunst. München: Dr. E. Albert & Co. o. J. Nach S. 192 / www.fulgura-frango.de.
Seite 95 o.: Claude Monet (1840-1926) The Gare St. Lazare, Arrival of a train 1877; Fogg Art Museum, Havard University Art Museums, USA. Bridgeman Giraudon, Berlin.

M

Seite 95 u.: Alte Dampflok um 1930. Historische Sammlung der Deutschen Bahn AG, Berlin / Carl Bellingrodt.

Seite 97 o.: „Eisenbahn-Scene“ von August Schöll (1858). Münchner Stadtmuseum / Inv.-Nr. (P 1764).

Seite 97 u.: Zugunglück Eschede 1998. AP, Frankfurt/Main / Jens Meyer.

Seite 104: Adolph von Menzel (1815-1905): Auf der Fahrt durch schöne Natur, 1892; Kunsthalle, Hamburg. The Bridgeman Art Library, London.

Seite 111: Käthe Kollwitz, Erwerbslos (früher „Leere Schüssel“) 1924. Käthe-Kollwitz-Museum, Berlin.

Seite 117 u. 119: Seite 128: Porträt Enjott Schneider. Enjott Schneider, München.

Seite 129, 131, 135: Inszenierungsfoto der Oper „Bahnwärter Thiel“ von Enjott Schneider. picture-alliance, Frankfurt/Main / ZB/Jens Trenkler.

Seite 140, 141: ZDF-Verfilmung: Bahnwärter Thiel. ZDF, Mainz.

Seite 142, 143, 144: DEFA-Verfilmung, Bahnwärter Thiel. Deutsches Rundfunkarchiv, Potsdam Babelsberg / Herbert Kroiß.

Anmerkungen

S. 9

Novellistische Studie Typisch naturalistische Gattungsbezeichnung, die sich zwar von der formstrengen »Novelle« herleitet, jedoch ihren Studien-, also Entwurfcharakter betont. Auch Hauptmanns Erzählung »Fasching« trägt die Gattungsbezeichnung »Studie«. Bei der Erstveröffentlichung hatte Hauptmann den längeren Untertitel »Novellistische Studie aus dem märkischen Kiefernforst« gewählt.

S. 9

Bahnwärter Einfachster Bahnbeamter, dessen Aufgabe es war, die Bahnschranken an seinem Wärterhäuschen zu bedienen, Signale zu geben, Weichen zu stellen und die Gleise in seinem Streckenabschnitt zu warten.

S. 9

Neu-Zittau Ortschaft in der Umgebung von Hauptmanns damaligem Wohnsitz Erkner, einem Vorort östlich von Berlin, in dem Hauptmann von September 1885–1889 wohnte.

S. 9

Tender Kohlenwagen einer Dampflokomotive. Ursprünglich engl. Begriff für ein Begleitfahrzeug eines größeren Schiffs.

S. 9

Schön-Schornstein Wie Neu-Zittau Ortschaft östlich von Berlin.

S. 9

herkulische Gestalt Adjektiv zu Herkules, dem lat. Namen des griechischen Halbgottes Herakles, dessen übermenschliche Kraft Gegenstand vieler Sagen ist.

S. 13

Manen lat. bedeutet »Di Manes« (immer Plural) Götter der Unterwelt, Seelen der Verstorbenen.

S. 13

Ekstase griech. für »das Heraustreten« der Seele aus dem Körper; ekstatische Zustände faszinierten Hauptmann durch sein gesamtes Werk hindurch.

M

S. 13

mystisch »geheimnisvoll«; bei Hauptmann jedoch darüber hinausgehend im religiösen Sinne »zur Mystik gehörig«. »Mystik« ist ein Zentralbegriff für Hauptmanns gesamtes Schaffen. Viele Figuren, nicht nur Thiel, erleben eine »unio mystica« (eine mystische Vereinigung) mit Jesus Christus, der Welt oder geliebten Personen (vgl. z. B. »Hanneles Himmelfahrt« oder »Der Narr in Christo Emanuel Quint«). Mystiker wie Jacob Böhme oder Meister Eckhart gehörten zu seiner Lektüre und beeinflussten sein Werk.

S. 14

Telegrafenarbeiter Arbeiter, die für die Wartung der Telegrafenleitungen (»Fernschreiber«) entlang der Bahnlinien zuständig waren.

S. 17

Kalk Tobias leidet offenbar an Kalkmangel.

S. 18

Pferdezahn Von abergläubischen Menschen für die Abwehr von Übeln getragen.

S. 19

furchtbares Im Erstdruck in der Zeitschrift »Gesellschaft für modernes Leben«, in der Ausgabe von 1892 und in der Ausgabe letzter Hand steht »fruchtbares Wetter«, nicht »furchtbares« wie in der Centenarausgabe CA VI, S. 45. Vgl. hierzu Volker Neuhaus, Gerhart Hauptmann. Bahnwärter Thiel. Durchgesehene Ausgabe. Stuttgart 2002, S. 12 f.

S. 20

Kossätenhof ein Kossäte war ein kleiner Bauer, der das Recht besaß, den Boden des Grundherrn zu nutzen, von dem er abhängig war und für den er Dienste leisten musste.

S. 23

Hilfswärter Hilfswärter waren zwar schon als Bahnwärter ausgebildet, aber meist noch als Streckenarbeiter tätig.

S. 24

Fahne und Patronentasche Mit der roten Fahne und – bei schlechter Sicht – mit Platzpatronen wurden die Signale gegeben.

S. 24

Purpur Eine bereits in der Antike sehr kostbare Farbe, die aus der seltenen Purpurschnecke gewonnen wurde. Königsmäntel waren aus »Purpur«.

S. 25

Reitergeschwader Hauptmann spielt hier eindeutig auf die apokalyptischen Reiter der Johannes-Offenbarung an (Offb. 6, 1–8). Darauf deutet auch die blutrot gefärbte Szenerie hin. Helmut Scheuer, Gerhart Hauptmann: Bahnwärter Thiel. 1997, S. 418, weist auf die Motivparallelen zu Büchners Lenz hin.

S. 30

Blutregen vom Himmel Auch hier handelt es sich um ein Bild der Apokalypse.

S. 31

feingeklöppelten Durch das »Klöppeln« werden Spitzen hergestellt. Dabei werden die Fäden auf viele Spulen (Klöppel) gewickelt

S. 47

Block An dieser Station sorgte ein Wärter dafür, dass immer nur ein Zug sich innerhalb des Streckenabschnitts bewegte.

S. 51

Pietismus von lat. pietas: Frömmigkeit; eine im 17. und 18. Jahrhundert entstandene religiöse Bewegung des deutschen Protestantismus, in deren Zentrum die persönliche Bekehrung und die Umsetzung des Glaubens im alltäglichen Leben standen.

S. 51

Herrenhut Die Herrenhuter Brüdergemeine ist ein pietistische Freikirche, die bis heute besteht.

S. 52

Einjährigen-Examen Examen für den Einjährig-Freiwilligen Militärdienst. Dieser war eine verkürzte Form des Wehrdienstes. Der Einjährig-Freiwillige diente ein Jahr statt der sonst üblichen zwei oder drei Jahre.

S. 52

pangermanischen »Blutsbrüderschaft« Eine Vereinigung mit pangermanischen (also deutschnationalen) Idealen.

M

S. 54

»Durch!« Am 6. Mai 1886 in Berlin unter der Leitung von Leo Berg mit Dr. Conrad Küster und Eugen Wolff (ohne Hauptmann) gegründeter Literaturzirkel.

S. 54

Sozialistenprozess Politischer Prozess gegen die Mitglieder des sozialutopischen Vereins »Pacific«; Gerhart Hauptmann wird am 14. November vernommen und erklärt: »Ich habe immer nur meine eigenen Ansichten und teile daher niemals die von irgendeinem anderen« (Carl Friedrich Wilhelm Behl, Zwiesprache mit Gerhart Hauptmann. München 1949, S. 178).

S. 54

Zeitschrift »Die Gesellschaft« Die 1885 gegründete Zeitschrift wurde in München von Michael Georg Conrad herausgegeben und war eines der führenden Publikationsorgane der Naturalisten.

S. 54

Theaterskandal Die Thematisierung von Alkoholismus, Inzest, Suizid und vor allem die indirekte Darstellung einer Geburtsszene, bei der die Schreie einer ein totes Kind gebärenden Alkoholikerin bis auf die Bühne dringen, erregte bei der Uraufführung am 20. Oktober großes Aufsehen. Der Frauenarzt Dr. Kastan schwenkte gar eine mitgebrachte Geburtszange.

S. 55

Wilhelm II. Deutscher Kaiser und König von Preußen von 1888–1918.

S. 56

Walther Rathenau Deutscher Industrieller und Politiker jüdischer Abstammung; deutscher Außenminister 1922, am 24.6.1922 von Rechtsextremisten ermordet.

S. 56

»Festspiel«-Skandal Vorzeitiger Abbruch der »Festspiel«-Aufführungen, begleitet durch heftige Diskussion und gar Demonstrationen in der Öffentlichkeit.

S. 57

Orden »Pour le mérite« Ursprünglich durch Friedrich den Großen begründeter Verdienstorden; die Friedensklasse des Ordens u.a. für Schöne Künste stiftete Friedrich Wilhelm IV.

1842. Als Hauptmann in die Friedensklasse des Ordens »Pour le mérite« gewählt wird, ist dies kein staatlicher Orden mehr, sondern eine zivile Auszeichnung einer freien Gemeinschaft von Künstlern und Gelehrten.

S. 59
Rote Armee Bis 1946 offizielle Bezeichnung der Streitkräfte Sowjetrusslands.

S. 63
Kätner Dorfbewohner, die eine Kate besaßen; auch Kossaten genannt; da der Ertrag häufig nicht ausreichte, arbeiteten sie auch im Tagesdienst auf Bauern- und Herrenhöfen.

S. 63
Spitalmütterchen Eine arme alte Frau, die in einer öffentlichen Pflegeanstalt (Spital) lebt.

S. 63
Meinen Roman ... Ein im Januar 1887 begonnener »Autobiografischer Roman«.

S. 68
biblische Magdalena Im neuen Testament gehört Maria von Magdala in den Umkreis Jesu und seiner Jünger, sie ist Zeugin der Auferstehung; in der Überlieferung Vermischung mit anderen Gestalten zur »Sünderin« Maria Magdalena.

S. 68
antike Helena In der griechischen Mythologie die schönste Frau Griechenlands, Tochter von Zeus und Leda und Gemahlin des Königs von Sparta. Ihr Raub durch Paris, Königssohn von Troja, war Ursache für den Trojanischen Krieg.

S. 79
Lenz Jakob Michael Reinhold Lenz (1751–1792), Dichter des Sturm und Drang, u.a. Autor der Dramen »Der Hofmeister« und »Die Soldaten«.

S. 80
Kaufmann Christoph Kaufmann (1753–1795), Wunderheiler und Reformpädagoge, der als Inbegriff des »Kraftgenies« in den Umkreis der Stürmer und Dränger gehört; auf ihn geht gar die Bezeichnung »Sturm und Drang« zurück.

M

S. 81

Der Hofmeister Drama von Jakob Michael Reinhold Lenz (1774).

S. 81

Die Soldaten Drama von Jakob Michael Reinhold Lenz (1776).

S. 85

Boccaz Giovanni Boccaccio (1313–1375), italienischer Autor der berühmten Novellensammlung »Il Decamerone« (Das Dekameron).

S. 90

Symbolismus Literarische Epoche um 1900, oft als Oppositionsbewegung zu Realismus und Naturalismus dargestellt.

S. 90

Freud Sigmund Freud (1856–1939), des Begründers der Psychoanalyse.

S. 90

»dem Leben nicht gewachsenen Innerlichkeit« Benno von Wiese bezieht sich hier indirekt auf die Arbeit von Horst Engert: »Die Tragik der dem Leben nicht gewachsenen Innerlichkeit in den Werken Gerhart Hauptmanns«. Dissertation Leipzig 1910.

S. 91

das Mythische Der Bereich der Mythen, also der sagenhaften überlieferten Erzählungen z. B. über Götter, die Entstehung der Welt etc.

S. 94

pointillistisch Wörtlich: punktförmig; spätimpressionistische Stilrichtung, bei denen Farben punktförmig nebeneinander gesetzt werden, z. B. bei Malern wie Georges Seurat (1859–1891).

S. 95

Konkreta Anschauliches, Greifbares, Gegenständliches, etwas Bestimmtes.

S. 95

Abstrakta Gegenteil von Konkreta: etwas vom Dinglichen, Gegenständlichen Gelöstes.

S. 95

Impressionismus um 1870 in der französischen Malerei entstandene Epoche, die vor allem vom subjektiven Eindruck des Lichts ausgeht.

S. 98

Sonnenwend' Sonnenwende: nördlich des Äquators am 21. Juni, wo die Sonne ihren höchsten mittäglichen Stand über dem Horizont erreicht.

S. 98

Thurn Taxis' Wappenknopf Die deutsche Fürstenfamilie der Thurn und Taxis hatten seit 1615 das erbliche Reichspostgeneralat inne. Erst 1867 mussten sie die Postorganisation gegen eine Abfindung von 3 Millionen Talern an den preußischen Staat abgeben.

S. 99

Passgang Eine Gangart von Pferden (abwechselnde Bewegung des rechten und linken Beinpaares).

S. 99

Trab Eine schnelle Zweitaktgangart bei Pferden (abwechselndes Vorschwingen des jeweils diagonalen Beinpaars).

S. 99

Briefschreibt der Kupferdraht Wichtige Etappen in der Entwicklungsgeschichte der Telegrafie war u.a. die Erfindung der Schreibtelegrafen von Carl August Ritter von Steinheil (1836) und von Samuel Morse (1837). Bis um 1900 die drahtlose Verbindung begann, erfolgte die Telegrafie über Kupferdrähte – auch über das Meer hinweg (Beginn der Verlegung von Seekabeln: 1839).

S. 99

Phosphor Ein im Dunkeln leuchtendes, nichtmetallisches, reaktionsfreudiges chemisches Element.

S. 102

Minengang Hier: wohl ein Stollen in einem Bergwerk; sonst auch ein unterirdischer Gang, der von einer Festung aus ins freie Land hinein gegraben wurde, damit man in diesem Tunnel bei einem Angriff von außen Sprengsätze unter dem Feind zünden konnte.

S. 113

organologische Metaphorik sprachliche Bilder, die sich auf Belebtes (z. B. Pflanzen) beziehen.

M

S. 113

Fiktionalisierungen Hier: literarische Verarbeitung des Eisenbahnmotivs.

S. 115

psychopathisch Charakterlich von der Norm abweichend, unter einer Persönlichkeitsstörung leidend.

S. 115

Manifestationen Das Offenbar-, Sichtbarwerden; hier: Äußerungen, Erscheinungen.

S. 115

neue Gesellschaft Hier: eine sozialdemokratische bzw. sozialistische Gesellschaft.

S. 116

Determiniertheit Bestimmtheit, Abhängigkeit des Willens von inneren oder äußeren Ursachen.

S. 116

existenziell Die Existenz, das menschlich Dasein betreffend; auch lebenswichtig.

S. 116

Zensuren Bewertungen; Mahal meint hier möglicherweise »Zäsuren«, also Einschnitte oder Wendepunkte.

S. 118

Motorik Die Muskelbewegungen eines Menschen, im psychologischen Sinne auch Gestik und Mimik eines Menschen als Ausdruck seiner Persönlichkeit.

S. 119

tabuisiert Zum Tabu erklärt; davon darf nicht gesprochen werden.

S. 122

Plebejer Historisch Angehöriger der »plebs« (also des einfachen Volkes) im alten Rom; hier: allgemein für einfacher Mensch.

S. 122

Physiognomie Äußere Erscheinung, besonders der Gesichtsausdruck eines Menschen; hier allgemein für »Erscheinung«.

S. 123

Urdrama Der von Hauptmann so benannte Grundkonflikt in der Welt (hell gegen dunkel, gut gegen böse, etc.); in seinen Shakespeare-Visionen von 1918 schreibt Hauptmann, man müsse »nach dem Urdrama [...] in der menschlichen Psyche [...] suchen«. Zum »Ursprung alles Dramatischen« erklärt er in diesem Text »das gespaltene oder gedoppelte Ich«.

S. 124

Martinis Phänomenbeschreibung bezieht sich auf den zweiten Absatz in dem Ausschnitt aus Martinis Interpretation S. 123, den Scheuer zuvor in Form eines Blockzitats wiedergegeben hat.

S. 124

»als Opfer am Rande des Daseins [...]« bezieht sich auf eine Stelle auf S. 62 in Martinis Aufsatz, wo er auf die Parallele zwischen Hauptmanns und Büchners Helden hinweist.

S. 126

in lateinischer Schrift Zum Zeitpunkt der Erscheinung des »Bahnwärter Thiel« war in Deutschland die sog. »deutsche Schrift« verbreitet. Dass Hauptmann damals bereits – wie heute üblich – in lateinischer Schrift schreibt, wird daher besonders betont.